블렌디드 수업 디자인

블렌디드 수업 디자인

다양한 수업 경험을 설계하는 디지털 도구 활용과 사례

초판 1쇄 2021년 4월 21일
　　3쇄 2022년 3월 10일

지은이 박영민, 박소영, 조현숙, 김미란, 김동우, 이화욱
발행인 최홍석

발행처 (주)프리렉
출판신고 2000년 3월 7일　제 13-634호
주소 경기도 부천시 원미구 길주로 77번길 19 세진프라자 201호
전화 032-326-7282(代)　팩스 032-326-5866
URL www.freelec.co.kr

편집 서선영
표지디자인 황인옥
본문디자인 박경옥

ISBN 978-89-6540-294-7

유형별

블렌디드
수업 디자인

다양한 수업 경험을 설계하는 디지털 도구 활용과 사례

박영민·박소영
조현숙·김미란
김동우·이화욱
지음

프리렉

차례

저자 소개

박영민 _____ 부산국제고등학교 교사

수능 영어 족집게 교사로 사는 게 싫어 꼬맹이 둘 데리고 도미했다. 육아, 연구, 강의를 혼자 해내느라 캘리포니아의 날씨를 즐길 틈도 없이 몇 년을 보낸 후 미국인 동기들보다 더 빨리 박사학위를 받았지만, 배운 것을 한국의 선생님들, 학생들에게 직접 나누려고 현장으로 돌아왔다. 현실은 다시 수능 영어를 가르치는 것이지만, 학생 간 영어 격차와 디지털 격차를 줄이기 위해 온 힘을 다하고 있다. 영어와 디지털 리터러시의 어렵고 추상적인 이론과 연구를, 일상의 말로 바꾸어 누구나 쉽게 이해하고 적용할 수 있도록 하는 것이 오늘을 사는 이유다. 그리고 이러한 삶의 이유를 온라인 오프라인에서 강의와 집필로 매일 실천하고 있다.

박소영 _____ 부산과학고등학교 교사

대학에서 전산학과만 나와도 취업이 잘 되던 시절에 굳이 얼마 뽑지도 않는 교사가 되겠다고 결심한 이후, 교사가 되어 교육 경력 25년을 훌쩍 넘기고 있다. 16년째 과학고등학교에 있으면서 여전히 수업 디자인을 고민해야 하는 압박감을 떨치지 못하고 마음만 졸이는 삶을 살고 있다. 일상의 스트레스는, 퇴직 후 세상을 돌아다니는 삶을 꿈꾸며 당장 가지도 않을 여행 계획을 세우면서 푼다. 아직 끝나지 않은 팬데믹으로 인해 쌓인 여행 계획을 실천하지 못한 채 책을 쓰고 있다.

조현숙 _____ 부산여자고등학교 교사

교육 경력 20년을 훌쩍 넘긴 영어 교사로, 교육전문가라 자부하고 싶지만 현실은 육아 고민에 주름이 늘어가는 늦깎이 초보 엄마이자 블렌디드 수업 고민으로 머리카락이 빠지는 디지털 초보 교사로 자리매김하고 있다. 하지만 아들이 살아갈 미래를 함께 하는 엄마가 되려는 욕심과 혁명 같은 변화가 휘몰아치는 학교 현장에서 꿋꿋하게 살아내려는 다짐은 누구보다 굳건하다. 오늘도 디지털 리터러시에 관심을 가지고 부지런히 배우려 노력하고 있다.

김미란 _____ 동천고등학교 교사

안정을 추구하고 변화를 싫어하는 성격 탓에, 사범대학 역사교육학과를 선택하여 졸업했고 무난하게 교사가 되었다. 학교와 집만 충실히 왕복하는 생활과 드라마틱한 강의식 수업에 만족하며 살았다. 그러다 만난 엄청난 에듀테크의 공격에도 충격받지 않으려고 했지만, 코로나의 공격은 피할 수가 없었다. 역사로 배운 세상의 질서가 바뀌는 '역사적인' 순간에 살고 있다는 생각에 가슴이 벅찼다. 이 순간, 나의 정체성과 나의 수업이 변하지 않는 것이 이상하다는 생각에 변화의 파도에 몸을 실었다가 정신 차려보니 지금처럼 책을 쓰고 있다.

김동우 _____ 부산백양고등학교 교사

고등학교에서 영어를 가르치며 경쟁에 지쳐 괴로워하는 학생들의 모습에 마음이 아팠다. 경쟁이 아닌 답이 없을까 고민하다 우연히 접한 핀란드 교육. '저곳에는 내가 찾는 답이 있으려나' 생각하며 무작정 떠났다. 그런 이유로 영어 교육이 아닌 교육 리더십 학위 과정을 선택했고, 핀란드의 교실 현장에서 배움의 즐거움과 자발성의 중요함을 실감했다. 거기서 깨닫고 배운 것을 잊지 않고, 학생과 교사가 모두 즐겁게 참여하고 싶은 수업을 만들기 위해 노력하고 있다.

이화욱 _____ 명호고등학교 교사

학창 시절 엘리트 축구 선수였던 나는 스포츠에서 경쟁과 승리만이 최고의 가치라고 배웠다. 선수 생활을 그만두고 새로 시작한 수능 공부. 실패와 도전과 극복을 배운 3년이 지나, 시범대 학생이 되어 있었다. 교사보다 더 멋진 직장인이 되고 싶었지만 생계유지를 위해 시작한 기간제 교사 생활. 그곳에서 만난 학생들과의 경험은 내 꿈을 완전히 바꾸어 놓았다. 반드시 교사가 되겠다고 다짐했고, 꿈을 이룬 나는 스포츠를 통해 소통과 가치를 나누고 배울 수 있는 체육 수업을 디자인하는 교사가 되기 위해 오늘도 고민하고 있다.

들어가는 말

1925년, 교수 기계(Teaching Machine)가 최초로 개발되었다. 학생에게 문제를 하나 보여준 뒤, 정답을 맞히면 다음 문제로 진행하고 틀리면 정답을 찾을 때까지 문제를 다시 보여주는 기계였다. 1960년, 최초의 컴퓨터 활용 교수 시스템(Computer-assisted Instruction System)이 만들어졌다. 현대사회에 흔히 쓰이는 다중 사용자 환경의 개념은 이때 시작되었다고 한다. 포럼, 메시지 보드, 온라인 시험, 이메일, 채팅방, 이모지, 메시징, 원격 화면 공유, 다중 플레이어 게임 등이 그것이다. 최초의 교수 기계가 만들어진 후 80여 년이 흐른 지금, 컴퓨터 환경은 대중화되어 실생활에서 대다수의 사람이 사용하고 있다. 지난 세기말에 개발된 기술이 서서히 발전하고, 인간의 생활이 그에 따라 바뀌어 갔다. 이런 기술이 우리나라 학교 환경에 본격적으로 도입된 것은 아마 2020년이 첫해라고 해도 과언이 아닐 것이다. 물론 지금까지 컴퓨터 기술을 수업에 활용하고자 하는 정책과 교사는 적지 않았다. 그러나, 지난해에 비해 엄청나게 늘어난 관련 연수, 몇 배의 연수 참가자, 무엇보다 연수에 참가하는 교사들의 관심과 열정적 태도는 비교할 수 없을 정도로 증가했다. 겨우 1년 사이에 벌어진 엄청난 변화이다.

허나, 교육에 대한 비판은 여전하다. 많은 교사의 노력에도 불구하고 학생들의 학력 저하와 격차는 심각해졌다는 우려의 목소리가 크다. 교사의 보람은커녕 자괴감만 남는다. 수업 진행의 방식과 내용에 있어, 교사 간, 학교 간, 지역 간의 차이도 더 크게 나타나고 있다. 이런 문제와 우려에 대한 고민 없이 미래교육은 없다. 엄청난 속도로 발전하는 기술을 이해하고 교실에 적용하는 데 급급하다면 교사와 교육은 진정한 역할을 잃을지도 모른다. 그렇다면 디지털 시대, 인공지능 시대에 사는 우리는 미래를 준비하는 교육을 어떻게 해야 할까? 그 해답을 시대의 변화와 인간이 처한 위기에도 잃지 않을, 그리고 잃으면 안 되는 인간의 능력에서 찾아보자. 미국의 한 시인이 말하기를, "인간이 가진 축복은 사랑하는 능력과 질문하는 능력"이라고 했다. 이 두 가지 인간의 힘을 잃지 말고 교육을 고민해 보자. 사랑하는 능력이란 주변의 사람들을 이해하고 소통하고 서로 지지해 줄 수 있는 능력을, 질문하는 능력이란 인간의 탐구하는 능력이 아닐까? 학습 경험을 꾸릴 때 학생들이 적극적으로 질문하고 탐구할 수 있도록 할 것, 그리고 주변 사람들을 살피며 함께 성장하게 할 것을 염두에 두어야 할 것이다.

이 책은 새로운 환경에서 새로운 도구를 배워 수업을 설계하고 가르쳐야 하는 이 시대의 교사들에게 블렌디드 수업의 개념, 다양한 수업 경험을 설계하는 디지털 도구를 안내하는 책이다. 원격수업과 블렌디드 수업을 도와줄 다양한 디지털 도구를 사용하는 절차를 차근차근 안내하고, 수업에 활용하는 예를 소개한다. 디지털 도구의 사용보다 중요한 것은 교사의 수업에 대한 생각, 목적, 그리고 설계이다. 따라서 교사의 의도와 학생들에게 제공하고자 하는 학습 경험을 중심으로, 어울릴 도구를 모아 설명한다. 또한 교실과 학생들의 다양한 상황(디지털 기기 소유 여부, 와이파이)에 따라 어떤 도구를 사용할 수 있는지도 안내하여, 디지털 격차를 조금이나마 극복하도록 도움을 주고자 한다.

책 내용이 중·고등학교 교실 상황을 전제하여 전개되지만, 교수 및 강사, 예비 교사, 기업체 직원 교육 담당자 등 교육자뿐만 아니라 자녀의 교육에 관심 있는 학부모, 그리고 뉴노멀 시대의 교육에 관심 있는 사람 모두에게 적합하므로 자신 있게 본 도서를 추천한다.

블렌디드 수업 디자인

Chapter

블렌디드 수업,
준비됐나요?

블렌디드 수업, 준비됐나요?

땅 넓은 호주에서는 학교에 매일 가기 힘든 동네에 사는 아이들이 있었다. 멀리 떨어져 있는 아이들을 모아도 한 학교를 운영하기 힘든 호주의 '아웃백(시골)'에서는 아이들에게 라디오 방송과 우편으로 학습자료를 전달했다. 하루에 한 시간, 선생님에게 수업을 받고 가족의 도움을 받아 과제를 해결한 후 선생님에게 다시 보내곤 했다. 같이 놀 또래 친구가 많지 않은 이 아이들에게는 1년에 서너 번 선생님과 반 친구들이 함께 모여 시간을 보내는 기회도 있었다. 이는 1950년대에 시작된 호주의 School of the Air의 모습이다(Warschauer et al., 2014[1]). 물론 지금은 라디오와 우편이 아닌 인터넷의 도움을 받고 있다. 블렌디드 수업(Blended Learning, 이하 '블렌디드 수업'으로 통칭함)의 시초는 아니지만, 수업은 학교에서만 진행할 수 있다는 고정관념을 깨는 좋은 사례다.

학교가 너무 멀어 라디오로 수업을 듣고 우편으로 과제를 내는 아웃백의 모습을 대한민국에 사는 우리는 상상하기 힘들다. 그러나, 이제는 블렌디드 수업을 해야만 하는 절박한 이유가 생겼다. 바로 코로나19라는 전례 없는 전염병 때문이다. 모두의 안전을 위해 서로 멀리 떨어져야 한다. 아이들이 없는 교실은 아웃백처럼 황량하다. 교실에서 만나지 못하는 아이들을

---

1   Warschauer, M., Tate, T., Niiya, M., Yim, S., & Park, Y. (2014). Supporting digital literacy in educational contexts: Emerging pedagogies and technologies. International Baccalaureate Program.

디지털 세상에서 만나게 하는 블렌디드 수업에 대해서 좀 더 알아보자.

블렌디드 수업이란 말 그대로 여러 형태의 교수 학습이 'Blended' 즉, 섞여 있는 것을 말한다. 학생들은 두 가지의 만남, 다시 말해 '교사와의 만남'과 '온라인 기술을 활용한 수업의 만남'을 다양한 비율로 경험하게 된다. 블렌디드 수업의 방법에 대한 여러 연구에서는 때때로 하이브리드 러닝(Hybrid Learning), 웹 기반 지도법(Web-enhanced Instruction), 기술 활용 지도법(Technology-mediated Instruction) 등의 용어와 호환되어 사용된다. 이름에서 알 수 있듯이, 교사와 교재만 있는 전통적 교실 혹은 기술이 학생을 가르치는 것이 아니라 교사와 기술이 함께 있어야 하는 것이 블렌디드 수업이다. 블렌디드 수업은 다음과 같이 다양한 조합으로 이루어질 수 있다.

- 교사가 오프라인 수업 진행을 위해 디지털 도구의 도움을 받음
- 학생이 각자 온라인 학습을 한 후 교사와의 오프라인 수업 참여함
- 학생이 학습관리시스템 플랫폼에서 대부분의 학습과정을 진행하고 교사는 보조적 역할을 함
- 학생이 교사의 오프라인 수업을 잘 따라 하기 위해서 온라인 수업의 도움을 받음

이제 많은 학교에서 학습관리시스템을 사용하고 있으니, 기본적인 블렌디드 방식을 뛰어넘을 수 있다. 예를 들어, 실시간 화상 수업에 타 학교의 교사나 전문가를 초청해 이야기를 들어볼 수도 있다. 여러 학교의 학생들이 같은 과목을 동시에 수강할 수도 있다.

이런 블렌디드 수업의 장점은 개인의 학습 속도, 학습 스타일, 관심에 맞춘 개별 학습이 가능하다는 것이다(Warschauer et al., 2014). 또한 학생들의 학습 데이터가 자동으로 저장되므로 학생들의 학습과정을 돌아보고 피드백을 제공하고 평가하는 데 이를 유용하게 활용할 수 있다. 교사와 학생, 학생과

학생 간에 디지털 도구를 활용한 대화가 수시로 가능하기 때문에 잘 활용한다면 오프라인 수업보다 더욱 활발하게 상호작용할 수 있다. 또한 같은 이유로, 교사가 학생들에게 즉시 피드백 제공하는 것이 수월하다.

이러한 블렌디드 수업의 장점이 발휘되기 위해서는 교사의 탄탄한 수업 계획이 필수적이다. 기술과 기계의 사용이 포함되는 수업 과정이므로 계획 없이는 성공적인 수업을 기대하기 어렵기 때문이다. 교사에게 랩톱이 하나씩 보급되고 교실에 TV가 있어 파워포인트를 보여주며 수업하던 때를 생각해보자. 랩톱과 TV 연결이 원활하지 않아서 곤혹을 느낀 교사가 많았다. 이제 더욱 다양한 기술과 기계가 사용되므로, 이런 문제 상황이 빈번하게 발생할 것이다. 따라서 문제가 발생하지 않도록 준비하되, 문제에 봉착했을 때 어떻게 극복해야 하는지도 계획에 포함해야 한다.

성공적인 블렌디드 수업을 위해서 학생들에게는 자율성, 자기통제력, 독립적 태도 등이 필요하다. 학생들이 온라인 학습 활동할 때, 교사가 늘 있는 것이 아니기 때문에 주어진 학습량을 스스로 해나가야 하기 때문이다. 디지털 리터러시(Digital Literacy)[2] 능력 역시 필요하다. 학생뿐만 아니라 교사도 마찬가지이다. 그런데, 교과 전문가인 교사들이 자신의 전문 분야가 아닌 디지털 리터러시 능력을 함양하기에는 시간과 노력이 필요하므로 여기서 개인차가 생기기 마련이다. 이것은 결국 수업을 받는 학생들의 발달과 깊은 관련이 있다. 교사의 블렌디드 수업과 관련된 개인차는 학생의 디지털 리터러시 개인차에 보태어져, 학생들의 디지털 격차(Digital Divide)를 낳는다. 예전에 영어 실력이 학업이나 직업적인 성공에 영향을 미치면서 영

---

2   디지털 리터러시(Digital Literacy): 디지털 환경에서 다양한 기술과 미디어를 활용하여 정보를 주고받는 능력을 말한다. '디지털 문해력'이라고도 한다.

어 실력이 사회경제적 능력과 깊은 연관이 있었던 것이 사회 문제가 된 것과 마찬가지로 디지털 리터러시와 관련하여 생긴다. 앞으로는 정치, 경제, 사회, 문화의 전반적 영역에서 현실과 가상현실을 오가는 넓은 개념의 디지털 세상(메타버스)이 발전할 것이라 예상된다. 이에 디지털 리터러시 함양을 위한 교육적 노력이 필요하다. 이를 위한 교사와 학생의 개인적인 노력도 중요하지만, 행정적 조치가 시급히 요구된다. 일례로, 각 학교에 디지털 리터러시 코치(Digital Literacy Coach)를 두어 교사의 블렌디드 수업 진행에 필요한 도움을 제공하고, 블렌디드 수업을 따라가지 못하는 학생들을 지원하는 것이다. 학생은 자신의 성장에, 교사는 수업 (재)디자인과 학생들의 성장에 온 힘을 다할 수 있도록 말이다.

이 책은 블렌디드 수업 준비와 관련된 교사들의 고민거리와 실제로 수업을 진행하는 데 필요한 디지털 도구를 설명한다. 특히 디지털 도구를 설명할 때는 도구 자체에 대한 설명보다는 교사의 학습 경험 디자인과 그 디자인에 알맞은 도구와, 그 도구가 갖는 행동유도성(Affordance)[3]을 설명하는 방식으로 구성했다. 이 순간에도 수많은 도구가 개발되고 업데이트되는 21세기에 곧 업데이트될 수도 혹은 사라질 수도 있는 각각의 도구에 초점을 맞추는 것은 무의미하기 때문이다.

이 챕터에서는 블렌디드 수업을 디자인하기에 앞서 교사 개개인이 가진 교육 목표, 학생들이 수업에 참여하기 전에 알아야 하는 기본적인 디지털 소통 예절, 원활한 블렌디드 수업 진행을 위한 소소한 팁을 알아보도록 하자.

---

3   행동유도성: 디지털 도구의 어떤 특징이 사용자로 하여금 어떤 특정한 행동을 하도록 유도하는 것이다. 예를 들어, 문의 손잡이를 보면 설명이나 고민 없이 그것을 잡고 여는 것이다. 컴퓨터의 볼륨 조절 바를 보면 별도의 설명 없이도 그것을 잡고 저음/고음으로 조절한다.

1. 교육 철학: 나는 왜 가르치는가

디지털 시대의 수업이라고 해서 디지털 도구를 수업 디자인의 중심에 둔다면 단순히 기술을 가르치는 수업으로 전락하게 될 우려가 있다. 블렌디드 수업을 디자인할 때, 가장 중요한 것은 교사가 가진 교육에 대한 생각, 교육 철학이다. 교육 철학이라고 하면 대학에서 철학 사상과 사상가들에 관해 어렵게 배웠던 기억이 날 것이다. 여기서 말하는 교육 철학이란 교육과 철학에 관한 근본적인 문제에 대한 고민이 아니라, 당장 오늘, 그리고 이번 학기에 진행할 수업을 어떻게 구성할 것인가와 관련된 여러 가지 고민에 대한 교사 자신의 답이다. "나는 왜 가르치는가?" "학생들이 어떻게 성장하기를 바라는가?" 등의 질문에 대한 근본적 답을 기반으로 하여 수업을 디자인하고, 그 수업 디자인에 필요한 도구를 골라 배치해야 한다. 우선 다음 표속 질문에 대한 자신의 답을 생각해보자.

No.	질문
1	'가르침'의 정의는 무엇인가?
2	내가 생각하는 '가르침'을 가장 잘 나타내는 키워드로는 어떤 것들이 있는가?
3	'좋은 교사'의 정의는 무엇인가?
4	'나쁜 교사'의 정의는 무엇인가?
5	나는 왜 교사가 되었는가?
6	교사로서 나의 목표는 무엇인가?
7	나는 왜 이 과목을 가르치는가?
8	현재 가르치는 아이들의 1년 뒤 모습은 어떠하면 좋을까? (올해 나의 교육 목표)
9	8번에 대한 답을 고려하여, 나의 수업에 무엇을 담아야 할까? (학습 경험과 과제)
10	학생들의 배움이 가장 잘 일어나는 방법은 무엇인가? (교수 방법 및 전략)

표의 질문은 미국의 사범대학 졸업생들이 구직활동을 할 때 쓰는 교육 철학 에세이(Teaching Philosophy Statement) 구성에 참고하는 샘플 질문이다. 이런 질문에 답하다 보면 수업을 디자인할 준비가 된 자신을 보게 될 것이다. 자신의 교육 철학에 근거하여 수업을 디자인하다 보면 수업과 관련된 모든 과정에 일어나는 다양한 상황을 판단하고 결정을 내리는 데 큰 도움이 된다. 지도 방법에서부터 학습지 구성, 학습 내용 선택, 디지털 도구를 선택하고 그 도구를 학생들이 언제 어떻게 사용하게 할 것인지를 등 모든 과정에서 일관성 있게 결정하는 데 도움이 된다.

2. 디지털 소통 예절

각종 디지털 도구를 활용한 온라인 수업이 일상화되고 더 나아가 대면수업과 원격수업이 수시로 전환되는 세상을 맞이하게 되었다. 교사는 수업을 하기 전에 학생들이 지켜야 할 디지털 시민 교육을 해야 하고, 내용뿐 아니라 전달 방식에 대한 고민도 필요하다. 이제부터 학생들이 갖춰야 할 상황별 에티켓을 알아보자.

2.1 단체 채팅할 때

메신저를 통한 의사소통에는 사적 대화와 공적 대화가 공존한다. 채팅방과 상황에 대한 파악이 필요하다. 다음은 공적 대화를 할 때 유의해야 할 내용이다.

- 실명 프로필을 사용한다.
- 대화를 하기 전에 자신이 누구인지 밝힌다.
- 학생은 교사에게 채팅으로 파일 등을 전송할 때, 미리 허락과 안내를 받는다.

- 늦은 시간, 또는 이른 시간에는 보내지 않는다. 근무 시간 또는 식사 시간 등 구성원들이 의논하여 정해본다.
- 교사가 단체방에 공지할 경우, 내용을 읽었는지 여부를 짧은 댓글로 밝힌다. 중요한 내용일 경우 구글 설문지나 MS 폼즈를 활용하여 학생들이 읽었는지 여부를 확인할 수 있다.

2.2 온라인 수업에 참여할 때

교실이 아닌 곳에서 수업에 참여하는 건 큰 의지가 필요하다. 원격수업이 장기화될수록 학생 간의 학업 격차가 벌어지고 있다. 학생들이 원격수업을 받더라도 교실과 비슷한 환경을 설정하고, 의사소통과정이 원활하다면 조금 더 효과적인 수업이 될 수 있다. 다음 내용을 충분히 알려주도록 하자.

- 수업 시작 전에 교과서 등의 준비를 완료하고 수업이 시작되면 바로 참여하고, 수업시간을 지킨다.
- 교사의 안내에 따라 카메라와 스피커를 설정한다.
- 수업 중 질문하거나 화면을 공유하기 전에 교사의 허락을 구한다(화면을 공유할 때 수업과 관련 없는 사적인 내용이 보이지 않도록 조심한다).
- 허락받지 않은 파일은 절대 공유하지 않는다.
- 채팅창에서 수업과 관련 없는 이야기는 하지 않는다.
- 교사와 친구들의 얼굴을 캡처하거나 수업 영상을 녹화하지 않는다(수업 영상을 녹화해야 할 경우, 교사가 직접 녹화해서 공유[4]).
- 제공받은 수업 자료를 다른 공간에서 공유하지 않는다(저작권법 위반으로 처벌받을 수 있다).
- 인터넷 서버 또는 기기의 문제가 발생하여 수업이 중단된 경우, 추후 선생님께 연락하여 상황을 설명한다.

---

4   화상수업을 미리 예약하여 학생들의 권한을 제어해두는 것이 좋다(예: MS 팀즈의 경우 모임예약 이후 모임옵션에서 설정).

온라인 수업을 시작하기 전, 필요한 내용을 정리하여 설문지(MS 폼즈, 구글 설문지, 네이버 설문지 등)로 구성하여 학생들에게 서약받은 후 수업을 시작 하는 것도 좋은 방법이다. 이 과정을 통해 학생들은 온라인 수업에 지녀야 할 태도에 대해 환기할 수 있다. 또는, 이제 제시되는 여러 디지털 도구를 활용하여 온라인 에티켓을 주제로 협업을 바탕으로 한 수업을 구성할 수도 있다. 사용 예시는 다음과 같다.

- 멘티미터를 활용하여 온라인 에티켓에 대한 키워드를 추출하여 사전 인식을 조사 한다.
- 패들렛, 잼보드, 화이트보드를 활용하여 온라인 에티켓에 대한 자신의 생각을 글과 사진, 또는 관련 영상을 첨부하여 드러낼 수 있고, 서로의 주장을 읽으며 의견을 교환 한다.
- 스웨이, 구글 사이트를 활용해 온라인 에티켓과 관련된 웹 페이지를 직접 제작해본다.
- 애기, 툰타스틱을 활용하여 모둠별로 온라인 에티켓을 주제로 한 포스터, 또는 영상을 제작하여 공유해 본다.

2.3 이메일을 전송할 때

이메일로 의사소통하는 상황이 많아지고 있다. 과제를 제출하거나 질문할 때 손쉽게 이용할 수 있다는 장점이 있다. 그런데 소통에 있어 말의 내용보 다 목소리 톤과 표정이 더 중요하다는 연구 결과(Mehrabian, 1972)[5]가 있듯 이 의사소통에는 비언어적 요소의 의미가 크다. 따라서 비언어적 요소가 부족한 이메일로 소통할 때 기본적인 예의를 지킨다면 더 긍정적인 의사소 통의 결과를 가져올 수 있다. 이메일을 통한 의사소통에서의 유의사항은 다음과 같다.

5　　Mehrabian, A., Nonverbal communication(Transaction Publishers, 1972)

계정 만들기

- 이메일 계정은 '개인 사용자 이름@도메인'으로 구성된다. '@' 뒷부분인 도메인은 어떤 서비스를 선택하느냐에 따라 결정된다. 예를 들면 네이버(naver), 구글(gmail), 카카오 (kakao) 등과 최상위 도메인(com, co, org 등)으로 이루어진다.

- '@'의 앞부분에는 자신의 이름을 활용하거나 정체성이 드러나는 단어로 구성한다. 한글 이름을 영문 자판으로 썼을 때 나타나는 단어는 의사소통의 경제성과 전문성에 적합하지 않아 계정명으로 사용하지 않는 것이 좋다(예: 홍길동→ghdrlfehd).

- 학교의 여러 가지 일과 관련된 이메일을 주고받을 때, 학교 이름이 도메인의 위치에 드러나는 계정 사용을 권장한다. 소속이나 학생 정보를 바로 파악할 수 있기 때문이다.

표시되는 이름 설정하기

- 이름은 이메일을 받은 상대방의 '받은 편지함'에 나타나는 것이므로, 자신의 실명을 쓰는 것이 좋다.

받은 편지함에 나타나는 이름

- 자신의 이름을 수정하는 경우, [환경설정] - [쓰기 설정] - [보내는 사람 이름 체크]로 확인할 수 있는데 서비스마다 다를 수 있으니 확인해 보자.

이메일에서 '이름' 설정하기

서명 활용하기

▪ 명함과 같은 역할로 이메일 하단에 붙여져 함께 보낼 수 있다.

이메일 서명의 예

▪ 자신을 드러내는 정보를 쓴다(학교명, 학년과 반, 이름, 개인 홈페이지나 SNS 주소 등).

▪ 이메일을 받을 상대에 따라 자신의 정보를 드러내지 않아도 되는 경우, 서명을 지우고 보낼 수도 있다.

서명 설정하기

- 이메일을 열지 않아도 내용을 짐작할 수 있도록 쓴다.
- [질문] 혹은 [제출] 등으로 제목에 명시하면 의사소통의 경제성 측면에서 효과적이다.
- 제목의 길이는 '받은 편지함'에서 볼 때, 잘리지 않도록 적당히 짧게 쓴다.

수신인, 참조(cc), 숨은 참조(bcc) 활용하기

- 참조(cc) 칸에 적힌 상대방은 수신인과 함께 이메일을 받는다. 의사소통의 주된 대상 은 아니지만 이메일 내용을 함께 알면 의사소통에 도움이 될만한 사람을 쓴다.
- 숨은 참조(bcc)에 적힌 수신자는 참조에 적힌 것과 마찬가지로 이메일을 함께 받는다. 단, 숨은 참조에 적힌 수신자들의 이메일 주소는 본인 외에 다른 사람에게는 보이지 않 으므로, 수신자들끼리도 서로 누구인지 알지 못한다. 단체로 이메일을 보내는 경우, 또는 수신자들이 서로를 알 필요가 없는 경우에 활용한다. 특히 개인정보 보호가 중요 한 요즘 유용한 활용법이다.

참조와 숨은 참조의 활용

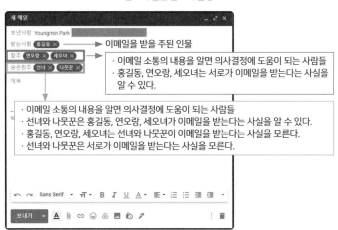

본문 작성하기

- 반드시 받는 사람을 부르는 말로 시작한다(예: ○○○ 선생님께).
- 용건을 간단히 쓰고, 그 다음에 근거나 이유를 밝힌다(두괄식 서술).

- 첨부 파일이 있거나 파일 제출만 하는 경우, "○○ 파일을 보냅니다."라고 쓰는 것이 좋다.
- 첨부 파일을 저장할 때는 커서가 문서의 첫 부분에 위치하도록 저장하여 첨부한다(수신인이 파일을 열었을 때, 첫 페이지부터 보게 된다).
- 간단한 인사와 자신의 이름으로 마무리한다.

이메일 작성의 예

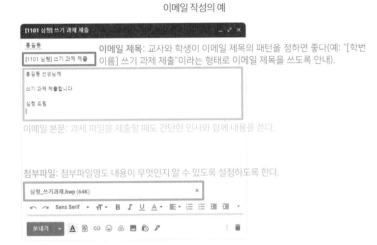

새로운 세상을 살아가는 지금, 우리는 새로운 개념을 정립해야 한다. 디지털 세상에서 의사소통할 때 알아야 할 에티켓은 디지털 시민으로서 가져야 할 기본 자질이 되어가고 있다. 같은 물리적 공간에서 만나지 않더라도 디지털 세상에서 서로를 존중하며 건강한 관계를 형성하는 것이 우리가 함께 사는 세상을 만들어가는 방법이 될 것이다.

디지털 리터러시 블로그

디지털 소통 예절 퀴즈(자동 채점)

3. 저작권 알아보기

저작권이란 사람의 생각이나 표현한 결과물에 대해 그것을 표현한 사람에게 주어지는 권리이다. 이때, 일상에서 자주 쓰이는 말, 사실을 그대로 정리한 사건 보도, 단순히 있는 그대로 정리한 목록 등은 해당되지 않는다. 저작권을 보호하면 창작자의 의욕을 북돋아 더 좋은 창작물이 만들어질 수 있고, 문화 발전에 도움이 된다. 한편, 지식과 정보가 소수에게 독점되는 것을 우려하는 사람들은 많은 사람이 지식과 정보를 사용할 권리를 가질 필요가 있다고 주장하기도 한다(예: 저작권 공유 운동, 카피레프트[6]).

 한국저작권위원회 웹 사이트(https://www.copyright.or.kr/)를 방문해보자. 저작권과 관련한 교육자료와 프로그램을 찾아 활용할 수 있다.

---

6   카피레프트(Copyleft): 저작권(Copyright), 즉 저작권자나 창작자에게 독점적 권리를 주어야 한다는 것에 반하여, 1984년 미국의 Richard Stallman이 소프트웨어의 자유로운 이용을 주장하면서 시작한 운동이다.

3.1 자유 이용 라이선스

과제를 하는 학생이나 수업 자료를 만드는 교사는 저작권 의식을 지녀야 하지만, 현실적으로 그 내용을 일일이 확인하기는 쉽지 않다. 따라서, 저작권 침해의 부담 없이 자유롭게 이용할 수 있는 미디어가 어디 있는지를 알고 있을 필요가 있다. 우선 CCL(Creative Commons License)을 보자. 이는 자신의 창작물을 자유롭게 이용할 수 있게 허락하는 자유 이용 라이선스(License)인데 사용자가 지켜야 할 조건이 있다. 몇 가지 이용 조건은 다음 표와 같다.

CCL 이용 조건

라이선스	이용 조건	문자 표기
	저작자 표시 저작자의 이름, 저작물의 제목, 출처 등 저작자에 관한 표시를 해주어야 합니다.	CC BY
	저작자 표시-비영리 저작자를 밝히면 자유로운 이용이 가능하지만 영리 목적으로 이용할 수 없습니다.	CC BY-NC
	저작자 표시-변경 금지 저작자를 밝히면 자유로운 이용이 가능하지만, 변경 없이 그대로 이용해야 합니다.	CC BY-ND
	저작자 표시-동일 조건 변경 허락 저작자를 밝히면 자유로운 이용이 가능하고 저작물의 변경도 가능하지만, 2차적 저작물에는 원저작물에 적용된 것과 동일한 라이선스를 적용해야 합니다.	CC BY-SA

	저작자 표시-비영리-동일 조건 변경 허락 저작자를 밝히면 이용이 가능하며 저작물의 변경도 가능하지만, 영리 목적으로 이용할 수 없고 2차적 저작물에는 원저작물과 동일한 라이선스를 적용해야 합니다.	CC BY-NC-SA
	저작자 표시-비영리-변경 금지 저작자를 밝히면 자유로운 이용이 가능하지만, 영리 목적으로 이용할 수 없고 변경 없이 그대로 이용해야 합니다.	CC BY-NC-ND

예를 들어 인터넷에서 찾은 이미지에 '저작자 표시'의 조건이 있다면 그 이미지를 사용할 때 저작자의 이름, 제목, 출처 등을 함께 표시해야 한다. 저작권자는 표의 라이선스 중 자신의 의사에 맞는 조건을 선택하여 저작물에 적용한다. 저작물의 이용자는 표의 6가지 중 한 가지로 적용된 CCL을 확인한 후에 저작물을 이용함으로써 저작권자와의 개별적인 접촉 없이도 그 라이선스 내용대로 이용 허락의 법률관계가 성립하게 된다.

3.2 자유 이용 저작물

자유 이용 저작물은 세 가지 경우에 발생한다. 저작권자가 자신의 의사 표시로 저작권을 포기한 경우, 저작권이 소멸(예: 저작권자 사망 후 70년이 지났을 때)된 경우, 법령이 특정 저작물에 대해 저작권 소멸을 규정한 경우이다. 저작권이 소멸되는 기간과 법령은 나라마다 다를 수 있다. 이에, 저작물의 해외 사용 등의 문제로 많은 국가가 함께 모여 저작권 보호에 관한 기본 조약을 만들었는데, 그중 하나가 베른협약이다. 이 협약에 의해 어느 정도 통일된 기준이 만들어서 시행 중이다.

3.3 공공저작물

또 다른 유형으로는 공공저작물이 있다. 이것은 공공기관이 저작권을 소유하고 생산한 보고서, 사진, 동영상, 데이터베이스 등의 저작물을 말한다. 이런 공공저작물 정보를 제공하는 사이트를 공공누리라고 한다(www.kogl. or.kr). 공공누리의 미디어는 몇 가지 이용 조건만 확인하고 저작권 침해의 부담 없이 무료로 자유롭게 이용할 수 있다. 특히, 안심하고 사용할 수 있는 글꼴도 찾아볼 수 있다.

공공누리 사이트

4. 저작물 활용하기

4.1 이미지

한 장의 그림이 천 마디 말보다 낫다는 말이 있다. 의사소통에서 이미지가 중요한 역할을 한다는 것이다. 학생들의 집중력과 이해도를 고려하면, 수업 자료에서 이미지가 하는 역할은 크다. 사람들의 집중력은 길지가 않아서, 길게는 10~15분, 짧게는 10초가 지나면 흐려지기 시작한다는 실험 보고도 있다(Bradbury, 2016[7]). 전달하려는 내용을 이미지와 함께 나타내면 학습 효과 증가에 도움이 될 것으로 기대된다.

4.1.1 이모지

이미지로 의사소통하는 방법 중에 이모티콘(Emoticon)이나 이모지(Emoji)가 있다. 디지털 환경에서 의사소통할 때 특정한 생각이나 감정을 문자보다 더 빠르고 효과적으로 전달할 수 있어 많이 사용되고 있다. 이런 이모지나 이모티콘, 그리고 특수기호를 한 눈에 확인하고 사용할 수 있는 사이트로는 Coolsymbol(coolsymbol.com)이 있다. 아래아한글이나 MS 워드에서 특수기호를 찾기 힘들었다면 한눈에 확인하고 사용할 수 있는 이 사이트를 방문해 보자.

Coolsymbol: 기호, 이모지, 이모티콘 사이트

또는 컴퓨터 작업 중에 키보드의 [Windows] 키와 [.](온점) 키를 함께 누르면 다음과 같은 이모지 팝업 창이 나타난다. iOS를 사용하는 맥북의 경우,

---

7　Bradbury, N.(2016) Attenion span during lectures: 8 seconds, 10 minutes, or more? Advances in physiology education, 40(4), 509-513.

[Command]+[Ctrl]+[Space bar] 키를 함께 누르면 된다.

이모지와 기호를 쓸 수 있는 방법

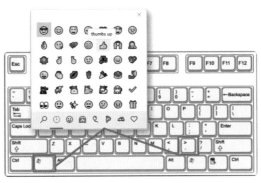

4.1.2 픽토그램

또 다른 이미지로는 픽토그램(Pitogram 또는 Pictograph)이 있다. 그림과 전보[8]의 영어 단어를 합성한 단어로 사물이나 행동을 상징적으로 나타낸 이미지를 말한다. 이모지와 비슷하다. 다음 그림은 플래티콘(www.flaticon.com)에서 '팬데믹(Pandemic)'으로 검색했을 때 보이는 픽토그램의 예이다.

팬데믹을 나타내는 픽토그램(출처: 플래티콘)

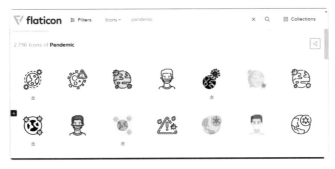

8　전보: 편지보다 더 빠르게 전달되어 긴급한 의사소통 수단으로 사용된 문서 배달 서비스

플래티콘 사이트에서는 앞선 그림과 같이 픽토그램을 검색하여 내려받아 사용할 수 있다. 무료로도 충분히 사용할 수 있으나, 유료 회원(9.99유로/1달)보다 내려받을 수 있는 픽토그램의 개수가 적다.

검색하여 찾은 픽토그램을 선택하면 내려받을 수 있는 화면이 다음 그림처럼 나타난다. 이때 다운로드되는 파일의 확장자는 png[9] 또는 svg[10]이다. 저장 버튼 아래에는 자유 이용 조건이 적혀있으므로 확인하고 사용하길 바란다.

플래티콘에서 픽토그램 내려받기

많이 사용되는 또 다른 픽토그램 사이트로는 더나운프로젝트(thenounproject.com)가 있다. 각 사이트에서 요구하는 조건을 반드시 확인한 후 사용하자.

9　png: Portable Network Graphics. 쉽게 편집할 수 있고 디자인에 활용하기 좋으나 확대하면 가장자리가 흐려지기도 한다. 투명한 배경을 지원한다.

10　svg: Scalable Vector Graphic. 해상도 변화 없이 크기를 확장할 수 있으나, 세밀한 그림에는 부적합하고 단순한 아이콘이나 캐릭터에 적합한 파일이다.

활용 Tip ▷ 픽토그램 관련 사이트 활용 방안

교사의 수업 자료 준비

포스터 또는 인포그래픽 제작: 배운 내용을 정리하는 인포그래픽을 만들 때 필요한 픽토그램을 찾는다. 검색어를 잘 선택하여 검색해야 원하는 픽토그램을 찾을 수 있으므로, 나타내고자 하는 개념을 대표할 수 있는 어휘를 선택하는 역량을 기를 수 있다.

픽토그램 제작과 공유: 자유 이용 저작물 사이트는 저작물을 내려받아 사용할 수 있을 뿐만 아니라 창작하고 공유하는 이들도 많다. 따라서 수업시간에 픽토그램을 제작하여 공유 사이트에 업로드하는 활동을 할 수 있다. 이 활동은 학교에서의 학습을 실제 생활에 적용해보고 새로운 것을 창조하는 인지활동이 된다. 무료로 공유할 수도 있고, 작품에 따라 수익을 창출할 수도 있다.

4.1.3 사진 및 동영상

픽사베이(pixabay.com)는 저작권이 없는 사진, 동영상을 공유하는 플랫폼이다.

픽사베이 사이트

창작자들이 공유한 저작물을 저작권 표시 없이 안전하게 사용할 수 있다. 상업적, 비상업적 목적으로 사용할 수 있으며 소셜 네트워크 플랫폼에서도

자유롭게 이용 가능하다. 한글로도 검색할 수 있지만, 영어로 검색했을 때 그 결과가 더 풍부하다. 앞서 설명한 픽토그램 사이트들과 마찬가지로 픽사베이에서도 검색 및 다운로드뿐만 아니라 창작물을 공유하는 학습 경험을 고안하는 것을 권한다.

4.2 사운드

4.2.1 유튜브 오디오 보관함

유튜브 오디오 보관함에서 저작권 문제없는 음악과 음향을 사용할 수 있다. 유튜브 오디오 보관함을 사용하는 방법을 알아보자.

유튜브 오디오 보관함 사용하기

먼저, 유튜브 스튜디오(studio.youtube.com)에 로그인한다. 왼쪽 메뉴에서 [오디오 보관함]을 선택하여 원하는 음악이나 음향을 검색한다. 이때 저작권 표시 여부를 설정하여 검색할 수 있다. 검색해서 찾은 사운드 위에 마우스 커서를 올리면 [추가된 날짜]가 [다운로드]로 바뀌어 오프라인에 저장할 수 있다.

[라이선스 유형] 탭에 '저작자를 표시해야 함' 아이콘(ⓒ)이 표시된 사운드 를 사용할 경우, 동영상 설명에 저작자를 표시해야 한다. 저작자 표시 텍스트(ⓒ)를 클릭하고 복사(🗇)하면 동영상 설명에 붙여 넣을 수 있다. 저작자 표시에 관해 참고하려면 앞에서 설명한 CCL을 찾아보자.

그 밖에도 유튜브의 채널인 Audio Library, NoCopyrightSounds 등은 개인 혹은 단체가 음원을 공유하는 곳이다. 자유롭게 사용할 수 있으나, 반드시 저작권을 표시해야 한다. 또한 한국저작권위원회가 운영 중인 공유마당 (gongu.copyright.or.kr)에서는 저작권이 만료되었거나 저작권자가 기증한 것, 공공기관 무료 개방 저작물 등을 검색하여 내려받을 수 있다. 사운드 외에도 영상, 이미지, 폰트 등을 찾아볼 수 있으니 적절히 활용하길 바란다.

공유마당

4.3 디자인

4.3.1 미리캔버스

미리캔버스(miricanvas.com)는 저작권 걱정이 없는 무료 디자인 도구이다.

PPT, 로고, 배너, 카드뉴스, 포스터, 유튜브 썸네일 등을 매우 간편하게 높은 퀄리티로 만들 수 있다.

미리캔버스 사이트

다른 디자인 도구의 경우 무료 버전은 사용할 수 있는 디자인 개수가 제한적이고 워터마크가 삽입되는 경우가 많다. 미리캔버스는 사용 개수에 제한이 없고 워터마크도 없으며, 상업적으로 이용할 수도 있다. 학교에서도 PPT나 포스터 등을 제작할 때 활용하기에 매우 훌륭한 도구이다.

미리캔버스에서 제공하는 템플릿

제공되는 다양한 템플릿 중 마음에 드는 것을 선택한 후 글자만 바꾸면 멋진 디자인이 완성된다.

미리캔버스를 활용한 포스터 제작

4.4 데이터

교실에서 배운 지식을 실제 세상에 적용해보는 또 다른 방법은 실생활에서 모인 데이터를 활용하는 것이다. 공공데이터 사이트를 방문해보자. 교실 밖으로 나가지 않고도 세상일을 살펴보고 고민할 수 있다. 다음 그림은 공공데이터포털(www.data.go.kr) 화면이다. 주제별로 검색하거나, 관심 있는 단어를 입력하여 데이터를 찾아볼 수 있다. 찾아본 데이터를 어떻게 읽는지, 그 데이터가 의미하는 바가 무엇인지, 수업에서 배운 지식과 어떤 연관이 있는지 등을 이야기만 하더라도 훌륭한 학습, 평가 활동이 될 수 있다.

한국 공공데이터포털

퓨 리서치 센터(www.pewresearch.org)에서는 미국 및 세계의 이슈, 여론, 통계학적인 동향 정보를 얻을 수 있다.

퓨 리서치 센터(Pew Research Center) 웹 사이트

앞에서 소개한 방법을 통해 공공데이터에 접근하여 읽고 이해할 수 있다. 또한 이러한 활동에서 좀 더 나아가 데이터를 가져와 시각화해볼 수 있다. 간편하게 엑셀이나 파워포인트를 이용해 데이터를 시각화할 수 있다. 이제부터 소개할 웹 기반 도구를 활용하면 보다 다양한 차트를 만들 수 있으며,

소셜 네트워크에서 손쉽게 공유할 수 있다. 시중에 활용되는 데이터 시각화 도구는 많으나, 그중 인터페이스가 한글로 깔끔하게 변환되어 쉽게 사용할 수 있는 곳은 라이브갭이다(www.charts.livegap.com).

라이브갭 시작하기

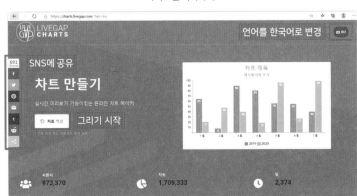

[차트 작성]을 클릭하면 다음 그림과 같이 그래프의 종류를 선택하거나, 기존의 그래프를 가져와 수정할 수 있다.

라이브갭 차트 종류

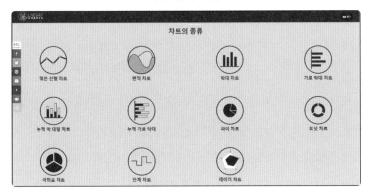

라이브갭 차트 갤러리

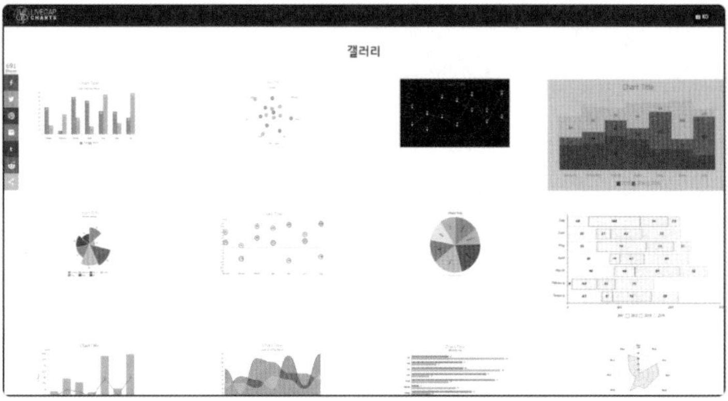

5. 저작물 만들기

5.1 카메라: 영상 촬영, 수업 디자인의 시작

동영상 콘텐츠를 만들기 위해서는 영상을 촬영할 장비가 필요하다. 많은 사람이 "올해는 꼭 운동 해야지!"라고 목표를 세우면 제일 먼저 하는 것이 비싼 트레이닝복과 운동화를 구매하는 것이다. 정작 모든 준비는 마쳤지만, 운동하지 않는 경우가 많이 발생한다. 콘텐츠 제작도 마찬가지이다. 고가의 카메라, 마이크, 삼각대, 조명 등 촬영장비는 다 준비되었지만 실제로 촬영해서 자신만의 콘텐츠를 만들어 내는 경우는 드물다. 그렇기 때문에 처음부터 고가의 카메라를 구매하는 것보다 자신이 가진 스마트폰을 활용하여 동영상을 촬영하는 것을 추천한다. 요즘 스마트폰은 4K 촬영부터 줌, 슬로우 모션, 손떨림 방지, 하이퍼랩스, 디렉터스뷰, 인물동영상 등의 다양한 기능을 사용할 수 있으므로 전문 카메라로 찍는 것과 비교해도 손색없다. 고가의 비디오 카메라로 찍는 것만큼 완성도 높은 영상을 만들 수 있으며 언제 어디서든지 편하게 촬영할 수 있다는 장점이 있다.

동영상 촬영이 가능한 다양한 촬영 장비

활용 Tip 스마트폰으로 영상을 촬영할 때 노하우

[카메라] - [설정]을 통해 수직과 수평 안내선을 활성화하는 것이 좋다. 수직과 수평 안내선을 활성화할 경우, 동영상 촬영 시 가이드 선이 자동으로 나오기 때문에 수직과 수평을 맞추면서 촬영할 수 있다. 또한 동영상 촬영 시 '방해 금지 모드' 또는 '비행기 탑승 모드'로 변경 후 촬영하는 것이 좋다. 촬영 중 전화가 올 경우 촬영에 방해가 되기 때문에 촬영에 집중할 수 없다. 방해 금지 모드일 때는 전화는 오지만 화면에 전화 표시가 뜨지 않고 비행기 탑승 모드일 때는 전화가 오지 않는다.

촬영 전 카메라 렌즈를 한번 닦아서 이물질과 지문을 제거하면 선명한 동영상을 촬영할 수 있다. 그 외에도 밝은 곳에서 촬영할 것, 메신저로 영상을 옮겨 편집하지 않고 영상 원본 파일로 동영상을 편집하는 것, 가로로 촬영하기, 촬영 시 앞뒤 시간적 여분을 두고 촬영하기(미세한 딜레이 존재, 편집 포인트 확인) 등의 유의사항이 있다.

5.1.1 다양한 카메라

스마트폰을 포함하여 디지털 카메라, 액션캠, 캠코더 등 다양한 카메라가 있다. 카메라의 가격대는 10만 원부터 몇백만 원까지 하지만 수업용 콘텐츠를 제작하는 데 가장 적합한 것은 자신이 가진 스마트폰을 활용하는 것이다. 스마트폰을 활용하여 수업 콘텐츠를 제작하면서 장비의 부족함이나 콘텐츠의 질 향상을 위해 더 나은 카메라가 필요하다고 생각이 들 때 구매하는 것을 추천한다.

5.1.2 SD 메모리 카드 활용

SD 메모리 카드 활용하기

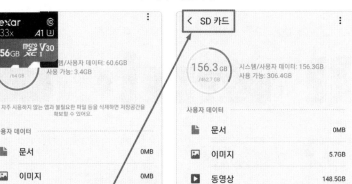

자신이 보유한 스마트폰으로 촬영할 경우 편리성, 즉시성, 간편성, 휴대성 등의 장점도 있지만 저장 용량의 한계와 저장공간을 구분하기 어렵다는 한계가 있다. 이러한 문제를 쉽게 해결할 방법으로는 SD 메모리 카드(Secure Digital Memory Card)를 활용하는 방법이 있다. SD 메모리 카드를 활용하여 수업에 관련된 콘텐츠는 따로 저장하여 관리한다면 저장 용량의 문제를 쉽게 해결할 수 있고 일상생활과 관련된 사진이나 동영상과 구분하여 저장공간을 만들어 관리할 수 있다.

5.2 마이크: 당신의 목소리를 들려주세요

온라인 수업 및 콘텐츠 제작 시 유용하게 활용할 수 있는 장비 중 하나가 마이크이다. 마이크의 종류는 핀 마이크, 구즈넥 마이크, 콘덴서 마이크, 샷건 마이크 등 다양하다. 스마트폰 또는 카메라에 내장된 마이크를 사용해도 큰 문제는 없지만 카메라의 위치가 변경될 경우, 카메라와 촬영자 간의 거리가 멀어지기 때문에 음향의 질이 떨어지는 경우가 발생한다. 이러한 부분을 보완하고 음향의 질을 향상하기 위해 마이크는 따로 구매하는 것이 좋다. 어떤 상황에 어떤 마이크가 적합한지, 마이크마다 장단점을 설명하고자 한다.

5.2.1 핀 마이크

핀 마이크

핀 마이크의 가장 큰 장점은 저렴하면서 이동이 자유롭다는 점이다. 카메라 또는 노트북에 연결하고 마이크에 핀을 달아 촬영자 옷깃에 설치하면 누구나 편안하게 사용할 수 있다. 하지만 유선이기 때문에 야외촬영 시 마이크 연결선에 한계가 있어 불편한 점이 있으며 전반적인 잡음이 생긴다. 핀 마이크는 실내에서 테이블이나 책상에 앉아 촬영할 때 유용하게 활용할 수 있으며 콘텐츠 음향의 질을 향상할 수 있는 가장 저렴하면서 효과적인 방법이다. 스마트폰 내장형 마이크와 핀 마이크를 사용하여 녹음한 음향의 질을 비교해보면 모든 사람이 음질의 차이를 확실히 느낄 수 있을 것이다.

5.2.2 구즈넥 마이크

구즈넥 마이크

책상 또는 테이블 위에 고정시켜 사용하는 마이크로서 마이크 목 부분이 자유롭게 구부러져 각도 조절을 할 수 있어서 사용자마다 자신에게 맞게 마이크 위치를 변경할 수 있다. 주로 대형 회의실이나 강의실 또는 시상식에서 사용하는 스탠드 마이크가 구즈넥 형태를 지닌 경우가 많다. 단일 지향성 마이크[11]라서 음향의 질도 좋으며 볼륨 및 에코 조절도 가능하다. 온라인 수업 및 콘텐츠 제작 시 핀 마이크와 함께 많이 사용되는 마이크 중 하나이다.

5.2.3 콘덴서 마이크

콘덴서 마이크

콘덴서 마이크는 스튜디오(밀폐된 공간)에서 가수가 레코딩하거나 성우가 더빙 또는 내레이션할 경우 사용한다. 콘덴서 마이크는 주변에 있는 미세한 소리까지 녹음할 정도로 예민하면서 고성능 마이크이기에 가격대가 비교적 높은 편이다. 온라인 수업 및 콘텐츠 제작 시에는 잘 활용하지 않는다.

---

11   단일 지향성 마이크: 특정 방향에서 들려오는 좁은 각도의 소리만 선택적으로 녹취할 수 있도록 만든 기다란 모양의 마이크로폰이다.

5.2.4 샷건 마이크

샷건 마이크

마이크는 단일 지향성과 양방향 지향성으로 구분된다. 샷건 마이크도 제품에 따라 단일 지향성과 양방향 지향성 두 종류 중 하나를 선택할 수 있다. 단일 지향성은 마이크 진동판의 앞방향에서만 소리를 흡수하지만, 양방향 지향성은 마이크 전면과 후면 부분에 고르게 녹음되는 기능을 갖춘 마이크이다. 샷건 마이크는 주변의 잡음을 제거하고 멀리 떨어진 음향을 포착할 수 있도록 설계된 긴 마이크이다. 영화나 드라마 등 전문적 영상 촬영 시 주로 사용한다. 일명 '마이크맨'이라고 불리는 사람이 샷건 마이크를 들고 레코딩이 필요한 부분에 마이크를 들고 서 있는 경우가 대표적이다.

5.3 삼각대: 다양한 각도에서, 다양한 수업

교사는 온라인 수업 및 콘텐츠를 제작할 때 누군가의 도움 없이 혼자서 촬영해야 할 경우가 많다. 이런 상황에서는 카메라를 고정하고 흔들림을 방지해주는 삼각대는 필수이다. 정지된 상태의 사람이나 노트 필기 및 풀이 과정을 촬영할 때 동일한 구도에서 촬영하는 것이 중요하며, 칠판 앞이나 책상처럼 실내 촬영을 할 때 삼각대에 카메라를 고정한 상태에서 촬영해야 퀄리티 높은 동영상을 제작할 수 있다. 친구 또는 가족과 여행을 갔는데 주변에 사진 촬영을 요청할 사람이 없을 때 누구나 한 번쯤 삼각대를 설치하고 사진을 촬영해봤을 것이다. 그만큼 삼각대는 사진 또는 동영상을 촬영할 때 유용하게 활용하는 일상 속 필수 아이템이 되었다. 삼각대도 기능에 따라 다양한 제품이 있고 가격도 몇천 원부터 몇십만 원까지 가격대의 스펙트럼도 넓다. 이제부터 온라인 수업 및 콘텐츠 제작 시 활용할 수 있는 삼각대를 소개하겠다.

5.3.1 스마트폰 삼각대

스마트폰 삼각대

스마트폰 삼각대는 말 그대로 스마트폰을 고정시킬 수 있는 삼각대이다. 일반적으로 가장 흔하게 사용하는 3단 삼각대 또는 4단 삼각대를 말하며 가정마다 하나쯤 가지고 있는 삼각대이다. 가격대는 몇천 원부터 몇십만 원까지 다양하지만 너무 저렴한 것을 구매할 경우 쉽게 부러지는 경우가 많다. 인터넷 및 유튜브를 통해 후기를 자세히 살펴보고 괜찮은 삼각대를 구매하는 것을 추천한다.

5.3.2 미니 삼각대

미니 삼각대

미니 삼각대는 작고 가벼우면서 휴대하기 좋은 삼각대이다. 요즘 많은 사람들이 사용하고 있으며 활용도가 높다. 3단 또는 4단 삼각대는 전체적인 구도를 설정하는 데는 효과적이지만 들고 다니기 다소 불편한 감이 있다. 그러나 미니 삼각대는 작은 가방에 넣고 다닐 수 있을 정도로 가볍고 휴대하기가 편하다. 또한 블루투스 기능이 포함된 제품이 많아 스마트폰과 거리가 떨어져 있는 상황에도 원격으로 카메라 셔터 버튼을 누를 수 있다.

5.3.3 짐벌

짐벌

짐벌은 브이로그(vlog) 촬영이나 스포츠 활동 등 역동적인 움직임이 발생하는 상황에서 영상의 흔들림을 최소화하고 균형을 올바르게 맞추기 위해 사용하는 제품이다. 짐벌도 가격대별 다양한 제품이 있어 선택하기 어려울 수 있다. 고가의 전문가용 장비보다는 저렴한 가격에 가성비 좋은 제품을 선택하는 것을 추천한다. 주로 온라인 체육 수업 콘텐츠처럼 활동이 있는 콘텐츠를 제 제작할 때 필요하다.

5.3.4 고릴라 포드 삼각대

고릴라 포드 삼각대

고릴라 포드 삼각대는 가볍고 크기가 작아서 스마트폰, 일반 카메라 등 대부분의 카메라를 거치할 수 있으며 바닥이 수평이 아니더라도 유동적으로 다리의 각도를 조절하여 카메라를 어느 곳이든 설치할 수 있다. 고릴라 포드 삼각대는 크게 1k, 3k, 5k 제품으로 나뉘지는데 여기서 'k'는 거치할 수 있는 카메라의 무게를 뜻한다. 즉 '3k'면 3kg 무게의 카메라까지 거치가 가능하다는 뜻이다. 일반적으로 3k를 많이 사용한다.

6. 좁은 화면, 넓은 세상

우리는 보통 한 대의 컴퓨터로 수업과 업무를 진행한다. 대부분, 모니터가 하나라는 말이다. 온라인 수업을 여러 번 진행해봤다면 모니터 한 대로 진행하는 것이 효율적이지 않다는 것을 알 수 있다. 좁은 화면으로 학생들의 얼굴을 살피는 동시에 수업에 필요한 파일을 화면에 공유하는 것이 여간 번거로운 일이 아니다. 이러한 어려움을 극복할 방법을 고민해보자. 모니터가 한 대일 경우에 화면을 나누어 사용하는 방법과 블렌디드 수업에 도움이 되는 가상 교실 화면을 활용하는 방법, 듀얼 모니터 환경을 구축하기 위해 추가로 모니터를 구매할 때 고려해야 할 점을 차례로 알아보자.

> - 환경: 노트북이나 데스크톱의 OS(운영체제)가 윈도우10이라고 가정한다.
> - 권장 사항: 블렌디드 수업을 위한 웹캠, 마이크, 스피커가 내장된 노트북을 활용하길 권장한다.

6.1 하나의 모니터: 화면 분할하기

좌우로 50%씩 화면을 분할하려면 윈도우 로고 키(⊞)와 좌/우 방향 키(◰)를 활용한다.

- 윈도우 로고 키+왼쪽 방향 키(←): 실행 화면이 화면의 왼쪽 절반(50%)에 배치됨
- 윈도우 로고 키+오른쪽 방향 키(→): 실행 화면이 화면의 오른쪽 절반(50%)에 배치됨

모니터 화면 분할(좌우 50%)

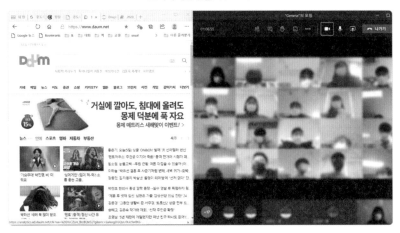

화면을 3등분하려면 우선 좌우로 2등분한 후, 다시 위아래로 2등분하고자 하는 화면을 선택하여 윈도우 로고 키+위/아래 방향 키를 누르면 해당 화면이 다시 위아래로 2등분된다.

모니터 화면 분할(왼쪽 위아래로 50%씩 분할)

화면을 4등분하려면 우선 좌우로 2등분한 후, 각각의 화면을 선택하여 윈도우 로고 키+위/아래 방향 키를 누르면 좌우 화면이 각각 위아래로 2등분된다.

모니터 화면 분할(2행2열 분할)

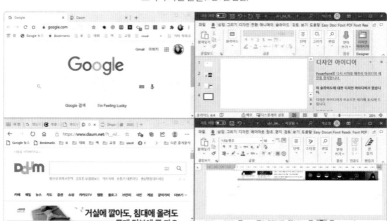

6.2 듀얼 모니터 활용하기

한 대의 모니터가 아닌, 두 대 이상의 듀얼 모니터를 사용하면 보다 수업을 원활하게 진행할 수 있다. 이때, 듀얼 모니터 사용 환경 구축 시 주의할 점을 알아보자.

참고

교사에게 듀얼 스크린을

2020년 전 세계의 교사들이 좁은 화면으로 원격 학습을 진행하며 힘든 시간을 보냈다. 미국의 어느 개발자가 이를 안타깝게 여겨 미국의 교사들에게 모니터를 보내는 프로젝트 스타트업 기업을 설립했다. 듀얼 모니터를 사용하면 하나의 모니터로는 교사가 학생들의 표정을 살필 수 있고, 다른 하나의 모니터로는 수업 내용을 보여주며 진행할 수 있다. 이 스타트업의 웹 페이지에는 기부하는 메뉴가 있다. 이런 교사들을 돕고자 하는 사람들에게 기부를 받아 모니터를 구매한다. 기부 메뉴 바로 옆에는 교사들의 신청을 받는 메뉴가 있다. 구매한 모니터를 차례로 보내주고 있다. 이 기업의 목표는 팬데믹 시대를 버티고 있는 교사와 학생들의 유대감을 키우는 데 있다.

'교사에게 듀얼 스크린을(Two Screens for Teachers)' 프로젝트 웹사이트

6.2.1 휴대성

보통 교사들이 업무 편의를 위해 모니터 한 대를 추가 구매하여 듀얼 모니터로 사용한다. 이때, 업무 편의 목적이므로 추가로 구매하는 모니터는 크기와 해상도가 중요하다. 하지만, 교과 교실이나 특별실로 교사가 이동하여 블렌디드 수업을 할 경우에는 모니터의 크기보다 휴대성이 중요하다. 휴대성을 고려할 때 살펴봐야 할 특성은 다음과 같다.

	설명
무게	570g에서 1170g까지가 적당함
모니터 크기	- 13인치~17인치가 적당함 - 휴대용인 점을 고려하여 13~15인치가 주류를 이룸 - IPS 패널로 Full HD(FHD) 해상도를 지원하는지 확인
전원 공급 방식	- 연결된 기기로부터 공급과 별도 공급이 가능한지 살펴봄 - 연결된 기기가 스마트 기기인 경우엔 전원소모를 고려하여 보조 배터리 등을 준비할 필요가 있음
화면 전환 (오토 피벗)	- 자유로운 화면 전환, 모니터를 가로로 변경하면 화면도 자동으로 가로로 변경되고 세로로 세우면 화면도 자동으로 세로로 변경됨 - 휴대용 모니터의 유용한 기능이므로 제공유무 확인 - 만약, 오토 피벗 기능은 없지만 자유로운 화면 전환 기능이 있다면 가로, 세로 설정은 다음과 같이 한다. 1. 윈도우 바탕화면에서 오른쪽 마우스 클릭 후 [디스플레이 설정]에 들어간다. 2. [디스플레이 방향]을 선택한다. 3. 전환하고자 하는 화면의 방향에 따라 가로, 세로를 선택한다.
기기 보호	전용 커버 제공 여부, 휴대용은 액정이나 기기의 보호가 필요함

6.2.2 호환성

- **기기(운영체제 포함)와의 호환성**: 노트북이나 스마트 기기의 운영체제 및 버전과의 호환성을 확인한다.

- **연결의 호환성**
  모니터 C Type 단자: 화면 연결뿐 아니라 전원공급까지 하는 기능이다. C Type 단자가 양쪽에 두 개 있으면 휴대용 모니터를 오른쪽/왼쪽에 두기 편하고 펜 기능을 주로 하는 모니터의 경우라면 오른손/왼손잡이 모두에게 편리한 기능이다. 썬더볼트3(Thunderbolt3) C Type단자의 경우 화면의 데이터와 전력을 동시에 전송할 수 있다. 일반적인 USB-C와 썬더볼트3의 USB-C를 구분할 수 있어야 한다.

일반적인 USB-C	썬더볼트3의 USB-C
- 데이터만 전송함(전원공급하지 않음) - 속도: 3.2의 경우도 최대 20Gbps - 케이블 모양: USB-C Cable - 장치연결 모양: USB 3.1 Gen 2	- 데이터+전원공급 - 속도: 최대 40Gbps - 케이블 모양: Thunderbolt 3 Cable - 장치연결 모양:

mini HDMI 단자, HDMI 단자: 화면 연결 기능, 만약 제공되는 HDMI 단자 크기와 맞지 않다면 별도의 어댑터를 구매하여 사용하면 된다. 노트북 또는 스마트 기기와 휴대용 모니터를 HDMI 단자로 연결하고자 하는 경우엔 별도의 전원공급이 필요함을 유의하도록 한다.

내장 스피커, OSD 단자, 이어폰 잭, USB(Type A) 등의 기능도 확인한다 (OSD 단자: On Screen Display 단자, 모니터 화면에 모니터의 화질 등의 기능을 조정하고 선택할 수 있는 메뉴를 제공하기 위한 버튼을 말함).

6.2.3 편의성

■ **터치스크린**: 마우스를 사용하지 않고 터치로 선택할 수 있어 편리하다. 노트북뿐만 아니라 스마트 기기와 연결하여 사용할 경우에도 화면을 크게 활용할 수 있어 유용하다. 단, 주의할 점은 운영체제(OS)에 따라 터치스크린이 동작하지 않는 경우도 있으니 구매 전에 터치스크린 기능이 호환되는 운영체제의 종류를 확인해야 한다. 윈도우일지라도 버전에 따라 지원 가능 여부가 정해질 수도 있으니 지원되는 운영체제의 종류 및 버전까지 확인하도록 한다(운영체제: Window, MacOS, Linux, Ubuntu, Android, IOS 등).

■ **펜 사용**: 블렌디드(온·오프라인) 수업에서 펜은 절대적인 편의성을 제공한다. 별도의 펜 프로그램을 설치할 경우 수업 시 화면 공유와 동시에 화면에서 바로 필기와 판서가 이루어질 수 있기 때문이다. 따라서 노트북 자체(또는 스마트 기기 자체)에 펜이 제공되는 경우에는 휴대용 모니터와 노트북 모니터가 동일한 펜으로 호환되는지 확인하여 구매하면 두 화면 모두 동일한 펜을 활용할 수 있어 편리하다. 만약, 노트북이나 스마트 기기에 펜이 없어서 불편함을 느껴왔던 사용자라면 휴대용 모니터만큼이라도 펜 기능이 있는 것을 구매한다면 기존의 불편함을 해소할 수 있다.

■ **화면의 크기 및 밝기**: 화면 비율과 화면 밝기(보통 250cd~350 니트 정도)뿐 아니라, 안티글레어(또는 논글레어)[12] 기능 유무를 확인한다.

■ **모니터의 기울기 조정**: 업무 환경과 상황에 맞게 유연하게 모니터 기울기를 조정할 수 있다면 편리하며 특히 펜까지 사용할 수 있다면 휴대용 모니터를 적당한 높이에서 필기용으로 활용할 수도 있다.

---

12 안티글레어(논글레어): 패널의 빛 반사를 차단하여 화면의 비침 현상이 없고 눈을 편안하게 해주는 기능

6.2.4 화면 공유 방법

> 듀얼 모니터를 사용하기 위한 디스플레이 설정(휴대용 모니터 연결 시 처음 한 번 설정)

1. 바탕화면 아무 곳에서 마우스를 우클릭하여 [디스플레이 설정]을 선택한다.

디스플레이 설정

2. 모니터1과 모니터2에 대해 각각 배율과 해상도 및 방향을 설정한다.

모니터 설정

3. [디스플레이 확장]을 선택한다.

[디스플레이 확장] 선택

여러 디스플레이

디스플레이 복제

디스플레이 확장

1에만 표시

2에만 표시

무선 디스플레이에 연결

고급 디스플레이 설정

그래픽 설정

노트북 화면을 휴대용 모니터에 공유(연결 시 설정)

휴대용 모니터 화면에 표시

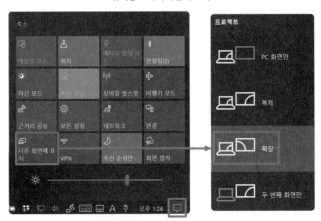

1. 모니터의 오른쪽 하단 알림 아이콘(▨)을 클릭한다.

2. [다른 화면에 표시]를 선택한다.

3. 듀얼 모니터로 사용하려면 [확장]을 선택한다

윈도우 10과 안드로이드 스마트 기기의 화면 공유

PC 또는 스마트 기기(안드로이드) 연결 설정

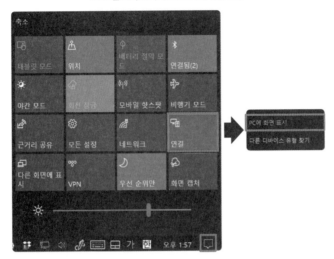

1. 모니터의 오른쪽 하단 알림 아이콘(▢)을 클릭한다.

2. [연결]을 선택한다.

3. [PC에 화면 표시]를 선택한다.

4. [PC에 화면 표시]를 설정한다.

PC에 화면 표시 설정

PC에 화면 표시

Windows Phone이나 PC를 이 화면에 표시하고, 키보드, 마우스 및 기타
디바이스를 사용합니다.

일부 Windows 및 Android 장치는 사용자의 승인 아래 이 PC에 표시할
수 있습니다.

어디서나 사용 가능 ⌄

이 PC에 표시하도록 요청

연결이 요청될 때마다 ⌄

연결하는 데 PIN 필요

안 함 ⌄

5. 마지막으로, 안드로이드 스마트 기기에서 'smart view'를 켜서 연결하면 된다.

6.3 가상칠판 활용하기

구글의 잼보드, 마이크로소프트의 화이트보드는 가상칠판 역할을 하는 좋은 도구이다. 이 칠판의 상세한 활용은 Chapter 3에서 다룬다. 우선 클래스룸스크린(Classroomscreen.com)을 방문해보자. 잼보드나 화이트보드와 또다른 칠판을 경험할 수 있다. 가르치는 학생들의 특징에 맞게 수업을 디자인하여 활용해보자.

우선 사이트에 접속하면 다음 왼쪽 그림과 같은 화면이 나타난다. 하단 중앙에 있는 [Launch Classroomscreen(교실화면 시작하기)]를 클릭하면 오른쪽과 같이 가상칠판이 나타난다. 가상칠판 화면에서 하단에는 수업 진행에 사용할 수 있는 다양한 위젯이 있다. 각각의 위젯 사용에 대해 알아보자.

클래스룸스크린 시작하기

첫 번째 위젯인 [background]를 선택하면 배경화면을 바꿀 수 있다. 갤러리에 있는 사진이나 개인적으로 업로드한 사진, 또는 가장 하단 오른쪽에 있는 [webcam]을 선택하여 교사의 모습을 보여줄 수도 있다.

클래스룸스크린 배경 변경

수업에 기본적으로 필요한 도구는 [draw(그리기)]와 [text(글자 입력)]가 있다. 화면 하단의 위젯에서 선택하면 작은 창이 나타나고 클릭하면 각 창에서 활용할 수 있는 메뉴가 나타난다.

클래스룸스크린의 그리기와 글자 입력

수업 운영에 아주 유용하게 쓰일 만한 필요한 위젯으로 [random name(이름 무작위 추출)], [sound level(소음 측정)], [work symbols(약속된 기호)], [timer(타이머)] 등이 있다.

클래스룸스크린의 유용한 위젯

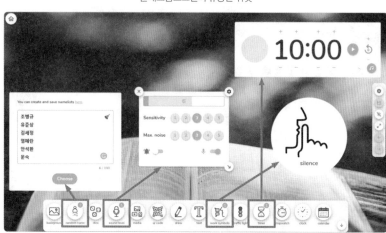

[random name]을 클릭하면 작은 창이 나타나는데 학생들의 이름을 안쪽 글 상자 안에 붙여 넣기한다. 그런 다음, 하단에 있는 [Choose(선택)]를 클릭하면 주어진 이름 중 무작위로 골라 하나의 이름을 보여준다.

[sound level]은 주변 소음을 실시간 감지하여 그 수준을 수치화하여 보여준다. 민감도(sensitivity)와 최대치(max noise)를 세팅해두고 교실의 소음 정도를 알아보자. 교실 수업 상황에서 토의토론이나 활동 중 학생들의 소리가 너무 커질 우려가 있다면, 학생들과 약속하여 일정한 수준 이하가 될 수 있도록 함께 노력할 수 있다.

[work symbol]을 선택하면 앞의 그림처럼 '조용히(silence)'를 나타내는 픽토그램이 보인다. 이 외에도 여러 픽토그램이 있으므로 학생들과 약속하여 사용해보자.

[timer]를 선택하고 숫자의 위아래에 있는 [+], [-] 버튼으로 시간을 조절한다. 시간의 오른쪽에 있는 초록색 화살표를 클릭하면 타이머가 시작된다.

정해진 시간이 되면 알림이 들리는데 이 소리도 음표 모양 아이콘을 눌러 선택할 수 있다.

상황에 따라 [dice(주사위)], [media(이미지나 유튜브 등의 미디어 추가)], [traffic light(신호등)], [qr code(QR 코드 제작)] 위젯을 사용하여 수업을 풍부하게 디자인해보자.

클래스룸스크린의 다른 유용한 위젯

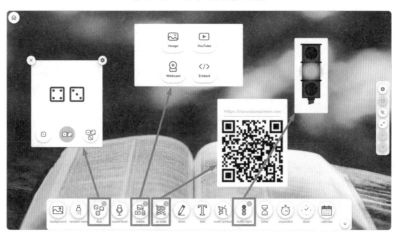

이번 챕터에서는 새로운 환경에서의 수업이 걱정스러운 교사들에게 격려와 실질적 도움을 주고자 했다. 비록 모든 것이 변한 시대이지만, 수업 디자인의 중심은 교사의 교육에 대한 생각, 즉 자신의 교육 철학이다. '왜' 가르치고 배워야 하는가 하는 생각이 흔들리지 않아야 새로운 기술이 그 효과를 발휘할 수 있기 때문이다. 디지털 세상에서 보여지는 학생의 당황스러운 태도에 교사들이 어찌할 바를 모르던 경우도 많았다. 이에 교사와 학생이 모두 새로운 환경에서 지켜야 하는 예의와 소통방식을 살펴보았다. 저작권 침해와 논문 표절의 뉴스는 이제 식상할 지경이다. 교사들이 콘텐츠

크리에이터가 되는 이 시대에 저작권 보호와 자유롭게 사용할 수 있는 저작물을 구분할 수 있어야 한다. 따라서, 이번 챕터에서는 저작권을 보호하는 방법과 저작권 걱정 없이 사용할 수 있는 미디어를 찾는 방법을 알려 교사와 학생이 올바르게 미디어를 제작할 수 있도록 안내하였다. 교실의 범위가 디지털 세상으로 넓어졌다. 그런데 교사의 도구는 15인치 성능 낮은 노트북 하나인 경우가 대부분이다. 수업 자료, 학생들의 얼굴, 학생들의 대화 등을 모두 확인하면서 수업을 진행하기 위해서는 전략이 필요하다. 온라인 수업 시, 좁은 화면으로 많은 활동을 해야 하는 교사들의 고충을 조금이나마 덜어줄 몇 가지 팁도 안내했다. 풍부한 수업 디자인을 위해 다양한 콘텐츠를 제작하고자 하는 교사들을 위해 영상 제작에 필요한 도구에 대한 설명도 추가하였다.

이어지는 챕터에서는 학생들에게 지식을 전해주고 필수적인 내용을 재미있게 학습하고 익히도록 하는 데 도움이 되는 도구를 소개하겠다.

블렌디드 수업 디자인

chapter

12

지식이 쏙쏙, 이해가 쑥쑥:
인지력을 키우는 수업

지식이 쏙쏙, 이해가 쑥쑥: 인지력을 키우는 수업

학생들의 학습활동은 크게 여섯 가지로 나눌 수 있다(블룸의 인지적 영역 수업 목표 분류법: Krathwohl, 2002[1]). 지식, 이해, 적용, 분석, 평가, 창조 이렇게 6개로 분류된 활동을 중심으로 교수자들은 학습 경험을 디자인하고 평가 장면을 구상한다. 이 여섯 가지의 수업 목표를 단순한 것부터 복잡한 것으로 위계가 있는 것으로 이해하는 경우가 많다. 여섯 가지 학습 경험을 차례대로 적용하기보다는 각 수업에서 필요한 학습 활동을 적절히 투입하여 디자인하는 것이 좋다.

많은 교사가 오프라인 환경에서 각각의 수업 목표에 맞춰 어떤 활동을 하는지에 대한 나름의 생각이나 계획을 가지고 있을 것이다. 이제 온라인 환경에서 어떤 활동, 어떤 학습 경험이 각각의 수업 목표에 알맞을지 생각할 때이다. 다음 표를 살펴보자. 오프라인 환경에서 학습 활동의 예시로 사실, 개념, 절차, 메타 인지[2]와 각각 연결하여 살펴보자(Anderson & Krathwohl, 2001[3]). 다음 표는 온라인 환경에서의 몇 가지 예를 포함하고 있다. 이 온라인 환경의 예는 하나의 인지 과정에만 해당하는 것이 아니라는 점을 꼭 기억하자.

---

1   Krathwohl, D. R. (2002). A revision of Bloom's taxonomy: An overview. Theory into practice, 41(4), 212-218.

2   메타 인지: 접두사로서 '메타(meta-)'는 여러 가지 뜻을 지니는데, 인식론에서는 '-에 관하여'라는 뜻으로 쓰인다. 따라서 메타 인지(Meta Cognition)란 '인지(Cognition)에 관한 인지'를 가리킨다. 배움의 과정에서 어떤 학습 전략을 언제 어떻게 써야 하는지를 안다면 메타 인지가 높은 것이다.

3   Anderson, L.W., & Krathwohl (Eds.). (2001). A Taxonomy for learning, teaching, and assessing: A revision of Bloom's taxonomy of educational objectives. New York: Longman

온·오프라인 환경에서의 인지적 영역 수업 목표 분류

인지 과정		오프라인 환경	온라인 환경
기억 (Remembering)	사실	색깔 나열하기	- 북마킹 - 소셜 네트워킹 - 검색
	개념	감기 증상 알아차리기	
	절차	CPR 진행 순서 기억해내기	
	메타	정보를 잘 찾는 전략 구분하기	
이해 (Understanding)	사실	특징 요약하기	- 고급 검색 - 블로깅 - 댓글 쓰기 - 주석달기
	개념	동물 종류 구분하기	
	절차	의자 조립하는 방법 확인하기	
	메타	문화충격에 대한 반응 예측하기	
적용 (Applying)	사실	질문에 적절한 답하기	- 프로그램 실행하기 - 공유하기 - 편집하기
	개념	잘 모르는 친구에게 설명하기	
	절차	실험 진행하기	
	메타	자기가 가장 잘 할 수 있는 방법을 사용하기	
분석 (Analysing)	사실	가장 알맞은 것 선택하기	- 미디어 혼합하기 - 링크 활용하기 - 역설계하기 - 태그달기
	개념	사실과 주장 구분하기	
	절차	문법에 맞도록 단어를 통합하여 문장완성하기	
	메타	혐오발언의 근본 원인 분석하기	
평가 (Evaluating)	사실	팀 프로젝트 수행에 가장 적합한 도구 선택하기	- 댓글 쓰기 - 포스팅하기 - 협업하기 - 검증하기
	개념	A와 B의 관련성 판단하기	
	절차	실험 진행 방법 A, B의 효율성 비교하기	
	메타	자신의 학습방법 점검하기	
창조 (Creating)	사실	근력운동 목록 만들기	- 프로그래밍 - 영상 만들기 - 미디어 믹싱 - 위키 만들기 - 게시하기
	개념	팀 프로젝트 완성에 필요한 미디어 모으기	
	절차	효율적 팀 프로젝트 진행 순서 고안하기	
	메타	포트폴리오 만들기	

표에서 보듯 지식수준이 암기에서 창조에 이르기까지 위계질서가 있는 듯하다. 다시 말해, 지식 암기는 기초적 인지활동이고 창조는 고차원적인 인지활동으로 보인다. 비록 수업 목표 분류법을 처음 고안한 블룸의 의도는

아니었지만 말이다. 학교 교육이 표에 있는 첫 단계인 지식 전수에서 벗어나 비판적 사고력, 문제해결력, 창의력 등을 기르는 데 중점을 두어야 한다는 비판은 오래되었다. 그러나 학교 교육의 지식 전수 역할을 간과할 수는 없다. 창의력을 '알고 있는 요소들을 연결시키는 것(Henriksen et al., 2014[4])'이라고 본다면, 학생들의 직접 경험과 간접 경험의 양이 보다 고차원적인 학습 활동에 중요한 역할을 하기 때문이다. 다만, 교사의 강의로만 지식을 전수하는 방법에서 벗어나야 한다. 교사의 존재는 학생들이 적용, 평가, 창조 등의 복잡한 인지과정 활동을 하는 데 도움을 줄 때 빛이 난다. 학생들이 적용이나 창조 활동의 기본이 되는 지식을 잘못 알고 있거나 잘못 적용시키고 연결시키지는 않는지 살펴보고 도움을 주어야 할 것이다.

이 챕터에서는 학생들의 지식 암기와 이해 과정을 돕는 디지털 도구를 설명한다. 학생들이 지식을 습득하는 방법을 크게 글, 동영상, 퀴즈로 나누어 보았다. 긴 글을 읽고 이해하는 것을 힘들어하는 학생들을 위해 몰입형 리더를 사용해보자. 동영상에 익숙한 요즘 학생들을 위해 동영상으로 학습자료를 제공하고 싶은 교사들은 유튜브와 에드퍼즐을 활용해보자. 에드퍼즐은 단순히 영상을 제공하는 유튜브와 달리 학생들의 학습에 꼭 필요한 몇 가지 기능이 있다. 반복과 게임은 효과적인 지식 암기를 돕는다. 클래스카드와 퀴즈엔을 살펴보자. 지금까지의 방법에 만족하지 못했다면, 직접 만드는 반응형 학습도구를 H5P에서 만들어 보는 것을 추천한다.

4   Henriksen, D., Mishra, P., & Deep-Play Research Group. (2014). Twisting knobs and connecting things: Rethinking Technology & Creativity in the 21st Century. TechTrends, 58(1), 15-19.

1. 몰입형 리더: 읽어줄게, 잘 들어봐

> - 필요한 계정: 자주 사용하는 이메일 계정으로 원노트 계정 만들기, 팀즈를 쓰는 학교라면 팀즈에서 사용하는 o365 계정으로 바로 시작
> - 접근 방법: 원노트 웹 사이트(www.onenote.com) 접속 혹은 컴퓨터에 설치된 'OneNote for Windows 10' 열기

1.1 무엇을 할 수 있나요?

글을 읽는 것이 힘든 아이들이 있다. 이런 경우 자료를 소리로 듣는 것이 도움이 된다. 그런데 외국어 학습자료를 제외하고, 글로 되어 있는 학습자료가 소리로 제공되는 경우는 드물다. 기술의 발달로 문자를 음성으로 바꾸는 기술(Text to Speech Technology)이 보편화되었지만, 교사가 이 기술을 활용하여 학습자료를 손쉽게 만들기는 또 다른 문제이다. 몰입형 리더(Immersive Reader)는 글로 된 학습자료를 해당 언어로 읽어주는 기능으로, 워드(Word)나 원노트(OneNote) 등 마이크로소프트 오피스 제품에 포함되어 있다. 한국어와 영어를 포함한 많은 언어로 사용할 수 있다. 몰입형 리더를 사용하면 학생들의 학습자료 독해력과 접근성을 높인다. 특히 학생의 집중력이 부족하거나 난독증이 있는 경우 그 효과는 더욱 크다(Jarke et al., 2020[5]). 학습용으로 몰입형 리더가 가장 잘 구성된 도구는 원노트(OneNote)이다. 이제 원노트에서 몰입형 리더를 활용하는 방법을 살펴보자.

---

[5] Jarke, H., Broeks, M., Dimova, S., Iakovidou, E., Thompson, G., Ilie, S., & Sutherland, A. (2020). Evaluation of a technology-based intervention for reading in UK classroom settings. Research Report RR-4208-AFA. RAND Europe.

1.2 시작해볼까요?

윈도우가 설치된 기기라면 원노트도 이미 설치되어 있다. 다음 그림처럼 윈도우 [검색]에 'onenote'를 입력하면 한 가지 이상의 OneNote 버전이 나타난다. 그중 OneNote for Windows 10을 선택한다. 원노트가 나타나지 않는다면 마이크로소프트 스토어(www.microsoft.com/en-us/store/apps/windows)에서 무료로 내려받을 수 있다. 지금은 몰입형 리더에 관한 설명이므로 원노트가 지닌 다른 많은 기능은 생략하기로 한다. 팀즈에서의 원노트(수업용 전자필기장)를 학생들과 사용하는 방법은 《MS 팀즈 수업 디자인 (2020년 출간, 프리렉)》을 참고하자.

윈도우에 설치된 원노트 찾기

<u>1.3</u> 자세히 알아볼까요?

[몰입형 리더]는 자료를 보는 것이므로 원노트의 메뉴 중 [보기]에서 찾을 수 있다.

몰입형 리더 시작하기

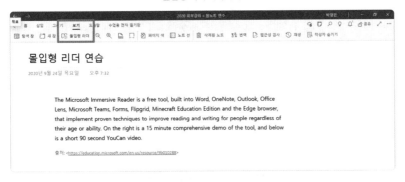

원노트에서 몰입형 리더를 사용하려면 학습자료가 이미지 파일의 형태가 아닌 텍스트 형태로 되어 있어야 한다. 앞선 그림에서는 인터넷에서 찾은 텍스트를 원노트에 붙여 넣은 상태이다. 메뉴 중 [보기] - [몰입형 리더]를 선택하면 다음 그림처럼 화면 모습이 바뀐다.

몰입형 리더 실행 화면

이렇게 바뀐 화면에서 하단에 있는 [▶(재생)] 버튼을 클릭하면 해당 언어로 읽어주는 것을 들을 수 있다. 이때 읽고 있는 단어는 실시간으로 표시되므로 학생들은 읽기와 듣기를 동시에 경험할 수 있다. 학습 경험을 풍부하게 하기 위해서는 오른쪽 상단에 있는 설정을 상황에 맞게 바꾸어보자. 우선 상단 가장 오른쪽에 있는 책 모양의 아이콘을 클릭해보자. 3가지의 하위 메뉴([라인 포커스], [그림 사전], [번역])가 있다. 첫 번째 [라인 포커스]는 1, 3, 5줄까지 현재 읽고 있는 라인을 강조하는 기능이다. 학생들의 집중도를 높일 수 있으므로 활용하길 추천한다. 다음 그림은 한 줄을 강조하여 읽는 모습이다.

[라인 포커스] 설정

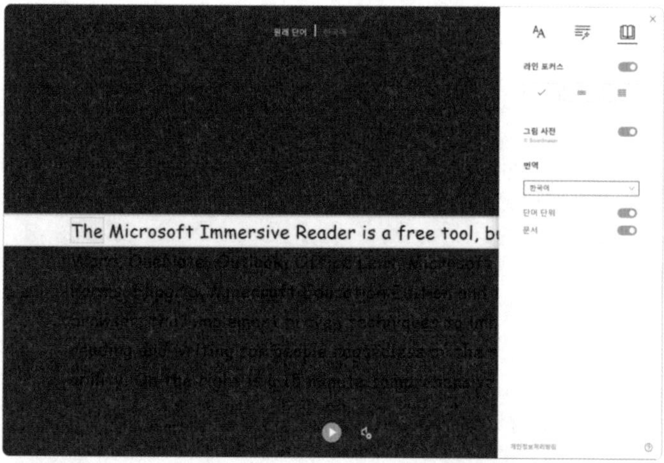

[그림 사전]을 클릭하여 설정하면 다음 그림과 같이 모르는 단어를 마우스로 클릭했을 때 단어의 뜻과 함께 그림자료를 볼 수 있다.

[그림 사전] 설정

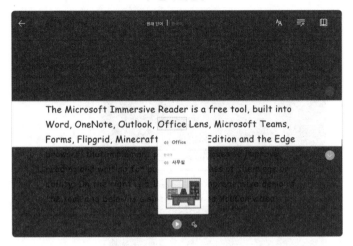

[번역] 메뉴에서 번역되기를 원하는 언어를 선택하고 하단에 있는 스위치를 움직이면 번역된 읽기자료를 볼 수 있다. 가운데에 있는 요술봉 메뉴를 선택해보자. 품사별로 스위치를 켜면 해당 품사의 단어가 메뉴에 있는 색상으로 바뀐다. 다음 그림은 동사만 표시한 상황이다.

[번역] 메뉴에서 [품사] 표시 설정

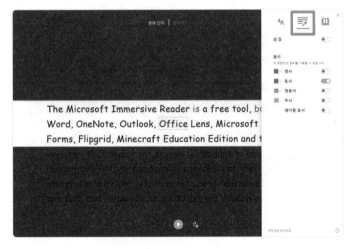

마지막으로 글자 모양 설정 메뉴에서 [텍스트 크기], [글꼴], [테마] 등을 바꿀 수 있다. 학생들의 개인차(시력 등)에 맞춘 환경 설정이 가능하다.

글자 모양 설정

다음 그림은 3줄 강조, 음절 표시, 동사 표시를 설정하여 읽기는 모습이다. 번역 스위치도 켰기 때문에 상단에서 [원래 단어]와 [한국어] 중 원하는 것으로 선택하여 볼 수 있다.

몰입형 리더 실제

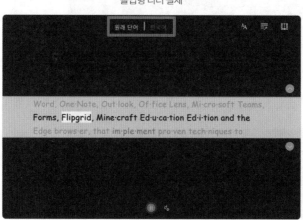

2. 유튜브: 백문이 불여일견

- 필요한 계정: 구글 계정(크롬 브라우저에서 사용하길 권장)
- 접근 방법: www.youtube.com
- 권장사항: 유튜브 채널을 개설하기 위해서는 반드시 구글 계정이 있어야 하며 크롬 브라우저에서 유튜브를 접속하길 권장한다.

2.1 무엇을 할 수 있나요?

유튜브 로고

유튜브(YouTube)란 구글이 서비스하는 동영상 공유 플랫폼이며 전 세계 최대 규모의 동영상 공유 사이트이다. 교사들이 온라인 수업에서 많이 활용하는 플랫폼 중 하나가 유튜브이다. 유튜브는 개인 계정이나 브랜드 계정으로 채널을 개설하여 운영할 수 있다. 브랜드 계정으로 채널을 개설할 경우 동 교과 또는 다른 사람과 협력하면서 채널을 함께 운영 및 관리할 수 있다. 또한 재생목록을 활용하면 다른 사람의 콘텐츠를 자유롭게 사용할 수 있으며 실시간 스트리밍을 통해 학생들과 쌍방향 소통도 할 수 있다.

2.2 시작해볼까요?

구글 계정만으로도 유튜브 동영상 시청은 가능하다. 그러나 동영상 업로드, 동영상 좋아요 표시, 즐겨찾기 저장, 채널 구독, 나중에 볼 동영상, 감상한 동영상, 동영상에 댓글 달기, 재생목록 만들기, 실시간 스트리밍 등의 활동을 위해서는 반드시 유튜브 채널이 있어야 한다. 구글 사이트 오른쪽 상단에 [구글 앱]-[유튜브]를 클릭하면 유튜브 메인 사이트로 쉽게 이동이 가능하다.

유튜브(YouTube) 시작하기

유튜브 채널 개설 확인 방법

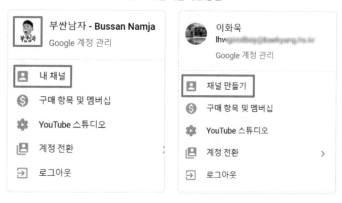

구글 앱 메뉴에서 자주 사용하는 앱을 위쪽으로 배치하면 편하다. 다음 그림과 같이 아래쪽에 있던 [유튜브] 앱을 마우스로 잡고 원하는 위치로 이동할 수 있다.

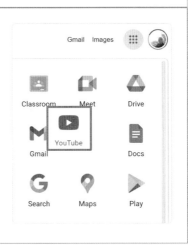

2.2.1 채널 개설 여부 확인하기

유튜브 채널을 개설하기 위해서는 먼저 유튜브 채널이 개설되어 있는지 확인해야 한다. 자신도 모르게 유튜브 채널이 개설되어 있는 경우가 종종 있기 때문이다. 유튜브 채널 개설 여부를 확인할 수 있는 방법은 유튜브에서 [프로필]을 클릭했을 때 [내 채널]이 표시된다면 이미 채널이 개설되어 있는 것이다. [채널 만들기]가 표시된다면 현재 채널이 개설되어 있지 않은 상태로, 유튜브 채널 개설이 가능함을 의미한다.

2.2.2 채널 개설하기

유튜브 채널을 개설하는 방법은 매우 간단하고 쉽다. 유튜브에 접속한 후, [프로필]-[채널 만들기]-[시작하기]-[개인 계정] 또는 [브랜드 계정] 순으로 선택하면 채널을 개설할 수 있다. 유튜브 채널이 개설되면 동영상 업로드, 댓글 달기, 재생목록 만들기, 라이브 스트리밍 등의 활동을 할 수 있다.

유튜브 채널 개설하기

개인 계정과 브랜드 계정은 약간의 차이가 있다. 개인 계정 채널은 하나의 구글 계정으로 하나의 채널을 관리하고 운영하는 것이고 브랜드 계정 채널은 관리자 권한이 부여된 여러 사람이 각자의 구글 계정을 통해 하나의 채널을 공동으로 운영하고 관리하는 것을 의미한다. 유튜브 채널을 다양한 온라인 수업에 활용할 목적으로 개설한다면 브랜드 계정으로 개설하여 교사 간 공동의 채널을 운영하는 것도 좋은 방법이다.

개인 계정 채널과 브랜드 계정 채널의 차이

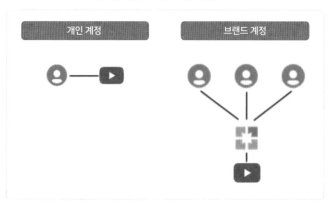

유튜브 채널 만들기 참고 영상

QR 코드를 스캔하면 참고할 유튜브 영상 페이지로 바로 이동할 수 있다.

2.2.3 채널 삭제 및 브랜드 계정으로 이전

채널 삭제를 원한다면 [프로필]-[설정]-[고급 설정]-[채널 삭제] 순으로 진행하면 된다. 유튜브 채널을 삭제해도 구글 계정이 해지되는 것은 아니다. 개인 계정으로 유튜브 채널을 운영하다가 브랜드 계정으로 이전하고 싶다면 [고급 설정]-[브랜드 계정으로 채널 이전]을 선택한다. 개인 계정으로 운영했던 유튜브 채널의 영상, 구독자, 좋아요 등은 자동으로 이전된다.

채널 삭제 및 브랜드 계정으로 이전

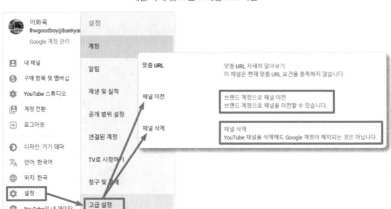

2.3 자세히 알아볼까요?

2.3.1 동영상 업로드

동영상 업로드

유튜브 채널에 동영상을 업로드하는 방법은 카메라 모양의 아이콘을 클릭한 후, [동영상 업로드]-[파일 선택]을 선택하면 된다. 간단하게 동영상을 업로드할 수 있다. 동영상 업로드 시 입력해야 하는 세부정보는 제목(필수 항목), 설명, 미리보기 이미지(썸네일), 재생목록, 시청자층 등이다.

유튜브 동영상 업로드 시 설정

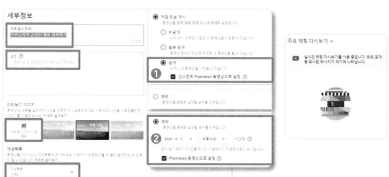

세부정보 입력이 완료되면 공개 상태 설정으로 넘어간다. 공개 상태는 크게 [저장 또는 게시]와 [예약]으로 구분된다. [저장 또는 게시]는 [비공개], [일부 공개], [공개] 중 하나를 선택한다. [예약]은 동영상을 공개할 날짜를 미리 선택할 수 있다.

메뉴에서 선택할 수 있는 'Premieres 동영상'은 시청자와 즉각적인 소통이 가능한 서비스이며 온라인 입학식, 개학식, 실시간 쌍방향 수업 등에 활용할 수 있다. [인스턴트 Premieres 동영상으로 설정]을 선택한 경우 동영상 시작 30분 전에 시청 알림이 표시되고 처음 2분 동안 카운트다운이 표시된다. 또한 [예약] 기능을 통해 원하는 날짜와 함께 [Premierese 동영상으로 설정]을 할 수 있다. 카운트다운이 끝나면 시청자가 실시간으로 동영상을 시청할 수 있으며 댓글 및 실시간 채팅으로 쌍방향 소통할 수 있다.

동영상 업로드 시 공개, 일부 공개, 비공개의 차이

활용 Tip

온라인 수업으로 유튜브 채널을 활용할 때, 모든 사람에게 영상을 공개하는 것이 부담스러울 수 있다. 이럴 때는 일부 공개를 통해 수업에 참여하는 학생들에게만 링크를 보내는 것도 좋은 방법이다.

동영상 업로드 시 [공개]로 설정하면, 동영상이 업로드되는 동시에 유튜브의 모든 사용자가 동영상을 검색하고 시청할 수 있다. [일부 공개]는 동영상의 링크 주소를 가진 사람들만 볼 수 있다. [일부 공개]는 채널 페이지의 동영상 탭에 표시되지 않으며 다른 사람이 일부 공개 동영상을 공개 재생목록에 추가하지 않는 이상 유튜브 검색도 불가능하기에 특정한 사람들에게 보여줘야 할 경우에 활용할 수 있다. [비공개]는 업로드한 동영상이 다른 사람들에게는 보이지 않고 채널 관리자가 허용한 구글 계정만 해당 영상을 볼 수 있다. [프로필]-[설정]-[채널 관리자]-[관리자 추가 또는 삭제]-[권한 관리]-[커뮤니케이션 관리자]를 통해 시청할 수 있는 구글 계정을 추가하면 된다.

비공개 동영상을 공유할 계정 추가

2.3.2 브랜드 계정의 채널 공동 운영 및 협업

브랜드 계정의 가장 큰 특징은 관리자 권한이 부여된 여러 사람이 각자의 구글 계정을 통해 하나의 채널을 공동으로 운영하고 관리할 수 있다는 점이다. 관리자를 추가하기 위해서는 [프로필]-[설정]-[채널 관리자]-[관리자 추가 또는 삭제]-[권한 관리]-[소유자] 또는 [관리자]를 선택하면 된다. [소유자]는 유튜브 내에서 대부분의 작업이 가능하며 채널 삭제, 관리자 추가 등 채널에 관련된 모든 활동을 운영할 수 있기에 신중하게 추가해야 한다. [관리자]는 구글 포토에서 사진을 공유하고 유튜브 채널에 동영상 업로드, 댓글 달기 등 브랜드 계정을 지원하는 활동을 할 수 있다. 공동 관리자로 최대 50명까지 초대할 수 있다. 쉽게 표현하면 소유자는 한 회사의 사장, 관리자는 한 회사의 직원, 커뮤니케이션 관리자는 한 회사의 아르바이트 직원과 같이 역할 권한이 부여되어 있다고 생각하면 된다.

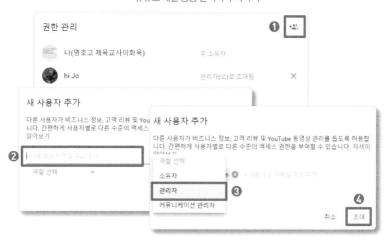

유튜브 채널 공동 관리자 추가하기

2.3.3 재생목록 활용

[재생목록]으로 자신이 분류하고 싶은 동영상을 하나의 그룹으로 만들어 운영하고 관리할 수 있다. 특히 여러 동영상을 한꺼번에 재생하거나 다른 사람이 만든 동영상 중 수업자료로 활용하기 좋은 영상들을 재생목록으로 만들어 활용할 수 있다. 재생목록을 만들기 위해서는 [프로필]-[YouTube 스튜디오]-[재생목록]-[재생목록 제목]-[공개 설정]-[만들기] 순으로 진행하면 된다.

유튜브 재생목록 생성

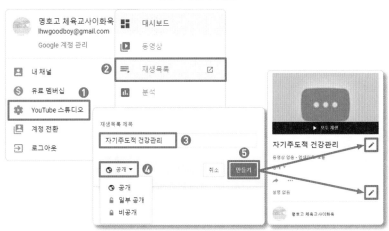

학교 단위에서 유튜브 채널을 효과적으로 운영하는 방법은 학교 공식채널 아래에 교과목 재생목록을 만들고 교과목 안에서 영역별로 구분하여 운영하는 것이다. 이때, 다른 사람에게 나만의 재생목록이 공개되는 것을 원하지 않으면 일부 공개 또는 비공개로 설정할 수 있다.

다른 동영상을 내 재생목록에 저장하는 방법

다른 채널의 영상을 내 채널 재생목록에 담기 위해서는 동영상 오른쪽 하단의 3점 아이콘을 클릭한 후, [재생목록에 저장]-[기존의 재생목록] 또는 [새 재생목록 만들기]-[공개 설정] 순으로 진행하면 된다.

2.3.4 채널 맞춤설정

[내 채널]-[채널 맞춤설정]을 통해 레이아웃, 브랜딩, 기본 정보를 변경하여 다른 사람과 차별화된 나만의 유튜브 채널을 디자인할 수 있다.

채널 맞춤설정 방법

[레이아웃]에서는 채널 홈페이지 상단에 주목할 만한 동영상을 추가할 수
있고, 비구독자 대상 채널 예고편과 재방문 구독자 대상 추천 동영상을 다
르게 설정할 수 있다. 또한 추천 섹션을 통해 동영상, 재생목록, 채널 등을
설정하고 변경할 수 있다. [브랜딩]에서는 프로필 사진과 배너 이미지, 동
영상 워터마크를 변경할 수 있다. 이는 자신만의 독창적인 유튜브 채널을
디자인하는 데 반드시 필요한 부분이다. 채널을 개설하기 전 프로필 사진
과 배너 이미지, 워터마크를 미리 제작해 두면 좋다. [기본 정보]에서는 채
널에 대한 설명을 입력할 수 있으며 언어 추가와 시청자와 공유할 사이트
를 링크로 추가할 수 있다.

레이아웃 설정을 마친 채널의 모습

2.3.5 실시간 스트리밍

실시간 스트리밍은 동영상 피드[6]와 채팅 등을 통해 시청자들과 실시간으로 소통할 수 있는 서비스이다. 스트리밍할 수 있는 방법은 모바일, 웹캠, 인코더 세 가지 방법이 있다. 모바일을 통한 방법은 스마트폰이나 태블릿을 활용하는 방법이다. 모바일을 통한 실시간 스트리밍은 채널의 구독자가 1,000명 이상 되어야 가능하다. 웹캠을 통한 스트리밍은 웹캠이 설치된 컴퓨터나 노트북을 활용하여 진행한다. 컴퓨터 및 웹캠을 통한 실시간 스트리밍은 채널 구독자 수와 상관없다.

인코더 방식은 콘텐츠를 유튜브에서 스트리밍하는 디지털 형식으로 변환하여 화면을 공유하고 외부 오디오나 동영상 등을 사용할 수 있다. 인코더를 연결하여 실시간 스트리밍을 하기 위해서는 인코더에 유튜브 실시간 스트리밍 서버 URL과 스트림 키를 반드시 입력해야 한다. 인코더 방식의 예는 OBS(Open Broadcaster Software)를 활용한 유튜브 실시간 스트리밍이다. 컴퓨터에서 유튜브 실시간 스트리밍을 하려면 [메뉴]-[실시간 스트리밍 시작]-[웹캠]-[웹캠 스트림 정보 입력]-[다음]을 선택하면 된다.

---

6   피드(Feed)란 먹이나 여물을 가리키는 뜻인데, 인터넷에서는 사용자에게 업데이트된 콘텐츠를 제공하는 데 쓰이는 데이터 포맷을 일컫는다.

유튜브 실시간 스트리밍 시작

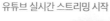

유튜브 실시간 스트리밍과 OBS(Open Broadcaster Software) 실시간 스트리밍의 차이

유튜브 실시간 스트리밍과 OBS를 활용한 유튜브 실시간 스트리밍의 가장 큰 차이는 화면 공유이다. 유튜브 실시간 스트리밍으로 온라인 수업을 진행할 경우 교사가 준비한 수업자료가 공유되지 않는 아쉬운 부분이 있다. 하지만 OBS를 활용하여 실시간 스트리밍을 한다면 단번에 해결할 수 있다. 유튜브 실시간 스트리밍은 컴퓨터 화면 공유가 안 되는 반면, OBS 스튜디오 [디스플레이 캡처]를 활용하면 유튜브 실시간 스트리밍에서도 교사의 컴퓨터 화면을 공유할 수 있다. 이는 줌이나 팀즈의 화면 공유, 구글 미트의 발표 시작과 같은 기능이다. 교사가 준비한 수업자료, 영상, 사진 등을 공유할 수 있으며 비디오 캡처 장치로 교사의 얼굴이 나올 수 있게 설정할 수 있다.

OBS를 활용하여 유튜브 실시간 스트리밍하는 방법은 다음과 같다. OBS Studio 사이트에 접속한 후, Windows 버전을 설치하고 OBS를 실행한다. 오른쪽 하단에 [+] 버튼을 클릭한 후, [디스플레이 캡처 설정] - [비디오 캡처 장치 설정] - [설정] - [방송]을 클릭한다. 스트림 키를 복사한 후 유튜브 스트림에 접속한다. 스트림 URL에 앞서 복사한 스트림 키를 붙여 넣은 뒤 방송을 시작하면 된다.

OBS 활용 참고 영상

OBS 설치 및 유튜브 실시간 스트리밍하는 방법

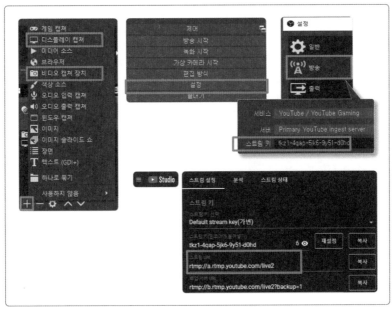

2.3.6 유용한 모바일 동영상 편집 앱

뉴노멀 시대에 다양한 교육 및 수업 콘텐츠를 만들어 온 오프라인에서 학생들과 소통해야 하는 시대적 변화에 동영상 제작은 중요한 소통도구가 되었다. 그런데 카메라에 익숙하지 않은 사람들이 동영상을 촬영하는 일은 쉬운 일이 아니다. 동영상을 촬영하여 콘텐츠를 만드는 데 가장 큰 어려움은 편집 방법에 대한 고민일 것이다. 어떤 동영상 편집프로그램을 사용해야 하는지, 어떤 세부기능을 활용할 수 있는지, 배경음악과 자막은 어떻게 삽입하는지 등이다. 수업용 영상은 영화나 드라마처럼 전문 영상이 아니기 때문에 부담감은 내려놓고 누구나 쉽게 어디서든지 활용할 수 있는 동영상 편집 프로그램을 이용하자. 이어서, 누구나 쉽게 동영상을 편집할 수 있는 모바일 동영상 편집 앱을 소개한다.

대표적인 모바일 동영상 편집 앱

이름&아이콘	설명
키네마스터 (KineMaster)	키네마스터는 사람들이 많이 사용하는 모바일 동영상 편집 앱 중 하나이며 기본적 기능과 함께 다양한 전환 기능, 배경음악, 텍스트 효과 등을 쉽게 사용할 수 있는 앱이다. 섬세한 편집이 가능한 고급 기능과 다양한 레이어를 통해 작업 속도를 조절할 수 있다. 또한 자막, 배속, 필터 등 다양한 기능을 보유하고 있으며 저작권 문제 없는 배경음악, 폰트, 효과가 매주 업데이트된다. 안드로이드, IOS에서 모두 사용할 수 있다. 기본 기능만 사용한다면 무료 버전으로도 충분하지만 더 많은 기능을 활용하고 싶다면 유료 버전을 구매하여 사용하는 것도 좋다.
비바비디오 (VivaVideo)	비바비디오는 초보자가 영상 편집에 활용하기 좋은 앱이다. 컷 편집, 동영상 필터, 자막, BGM, 배속, 스티커, 음성변조, 모자이크, 고화질 등을 지원한다. '매직 드림', '러브 스토리' 등 다양한 타이틀 테마 적용으로 간편하고 매력적인 동영상 편집이 가능하다. 슬로우와 패스트 모션 변환, 복제, 반전, 배경 블러 등의 재미있고 개성있는 클립 편집 기능과 다른 앱에는 없는 예쁜 효과가 많은 것이 큰 특징이다.
블로 (VLLO)	블로는 우리나라에서 제작한 동영상 편집 앱으로 동영상 편집 경험이 없는 초보자들도 쉽게 배우고 따라할 수 있도록 직관적으로 설계되었다. 세로형 인터페이스로 여러 영상들을 한 화면에서 검토하며 편집할 수 있는 기능과 PIP 기능을 통해 영상 위에 이미지나 GIF를 추가하여 보다 풍부하고 재미있는 영상을 만들 수 있다. 유료 기능도 저렴하며 한번 결제하면 평생 사용할 수 있다는 것이 큰 장점이다. 안드로이드, IOS에서 모두 사용할 수 있다.
비타 (VITA)	비타는 청소년에게 인기가 많은 앱 '스노우'와 '푸디'를 만든 회사에서 개발한 앱으로 누구나 쉽고 간편하게 동영상을 편집할 수 있다. 트렌디한 효과를 활용하여 고품질 영상을 만들 수 있는 점과 인앱 결제가 없는 완전 무료라는 점 때문에 최근 사람들이 많이 사용하고 있다. 몇 번의 탭으로 full HD 비디오를 만들 수 있다. 또한 재생 속도 조절을 통해 다이나믹한 비디오 제작이 가능하다. 다양한 음악으로 분위기 있는 동영상을 만들 수 있으며 다양한 필터로 영상의 색감을 조절할 수 있다. 안드로이드, IOS 둘 다 사용할 수 있다.

이외에도 모바일 동영상 편집 앱은 매우 다양하니, 사용하기에 가장 적합한 앱을 선택하여 사용하길 바란다.

기타 모바일 동영상 편집 앱

| CapCut | 파워디렉터 | 멸치 | InShot | 퀵 고프로 |

3. 에드퍼즐: 안 볼 수 없을걸

> • 필요한 계정: 구글 계정 혹은 에드퍼즐(EdPuzzle) 사이트에서 계정 생성
> • 접근 방법: 에드퍼즐 홈페이지(edpuzzle.com)
> • 권장사항: 크롬 브라우저 사용, 구글 클래스룸에서 학급·학생 가져오기 (import)한 후에 자동으로 연동할 수 있음

3.1 무엇을 할 수 있나요?

에드퍼즐(EdPuzzle)은 교사가 학생들과 상호작용할 수 있는 영상 학습자료를 만드는 도구이다. 구글 클래스룸을 이미 사용하고 있는 경우, 연동하기에 편리하다. 학습관리시스템 기능을 포함하고 있어서 교사는 학생들의 학습 상황과 이해도를 쉽게 파악할 수 있다. 배포하는 동영상 과제에 대해 건너뛰기 시청을 방지하는 기능도 있으므로 교사의 걱정을 덜어준다. 학생들은 에드퍼즐 앱을 이용해 PC뿐만 아니라 스마트 기기로 언제, 어디서든 수업을 들을 수 있다.

3.2 시작해볼까요?

에드퍼즐 사이트에 접속한 후 다음 그림을 따라 가입해보자. 상단에 위치한 [Sign up] 버튼을 누르면 교사/학생 중 역할을 고르라는 화면이 나온다. 교사 역할([I'm a Teacher])을 선택하면 계정을 입력하는 화면이 나오는데, 에드퍼즐 자체 계정을 만들어 활용하는 방법과 자신의 기존 구글 계정으로 가입하는 방법이 있다. 이때 구글 클래스룸을 활용하는 교사라면, 추후 구글 클래스룸의 클래스와 학생 명단을 그대로 옮겨올 수 있으므로 해당 구글 계정으로 가입하는 것이 좋다. 물론 에드퍼즐에서 자체 계정을 생성한 경우에도 사이트 자체에서 학급을 개설하고 학생들을 모아 학습과정을 살펴볼 수 있는 학습관리시스템의 기능을 사용할 수 있다.

에드퍼즐 가입하기(1)

다음으로, 개인정보를 입력하는 화면의 하단에 있는 에드퍼즐 서비스 사용에 관한 약관에 동의한다는 의미로 체크박스에 체크한 후 새 계정 생성 버튼([Create new account])을 누른다. 이제 자신이 속한 학교나 기관의 이름을

입력하는 화면이 나오는데, 학교명을 영어로 입력하면 하단에 학교/기관 목록이 자동으로 뜨고 그중 본인의 학교를 선택한 후 [Continue] 버튼을 누른다. 가입이 완료되면 이때 입력된 소속 학교 정보를 통해 같은 학교의 교사가 만든 자료를 자동으로 공유받을 수 있다. 만약 현재 자신이 속한 학교나 기관이 목록에 없다면 [Add my school or organization]을 눌러 직접 개인 정보를 입력하면 된다.

에드퍼즐 가입하기(2)

학교에서 담당하는 학년과 과목을 입력한 후 하단의 [Start teaching] 버튼을 누르면 드디어 에드퍼즐의 메인 화면으로 들어가게 된다. 그러나 방심은

금물이다. 아직 마지막 한 단계가 남아있다. 화면 상단에 파란색 안내창에 보이듯이, 마지막으로 가입 시 선택한 계정의 이메일 수신함으로 가서 에드퍼즐에서 발송한 이메일 주소 인증 버튼을 눌러주어야 한다. 성공했다는 [Success!]가 나왔다면 가입이 완료된 것이다.

에드퍼즐 가입하기(3)

3.3 자세히 알아볼까요?

교사가 거꾸로수업(Flipped Learning)이나 원격수업을 위해 동영상 학습자료를 제공했을 때, 맥이 빠지게도 학생들은 빠른 재생이나 건너뛰기를 하는 경우가 많다. 영상을 제대로 시청하게 하면서 중간중간 그 내용을 얼마나 이해하고 있는지 확인할 수 있는 방법은 없을까? 걱정하지 마라. 에드퍼즐에서는 가능하다. 에드퍼즐에서는 학생들의 동영상 시청 시간, 시청 진도율 뿐만 아니라 제공된 퀴즈의 학생 답안, 점수 등을 편리하게 확인할 수 있어서 학생들의 학습 이해도를 파악하기 쉽다. 이러한 에드퍼즐의 기능을 하나씩 살펴보면서 에드퍼즐에서 동영상 학습자료를 제작하고, 학생들에게 할당한 후 그 학습상황을 추적하는 방법을 순서대로 살펴보기로 하자.

3.3.1 메뉴와 기능

에드퍼즐의 주요 메뉴는 메인 화면의 상단 오른쪽에 있는 [Content], [Gradebook], [My Classes] 3가지로, 각 메뉴의 개괄적인 기능은 다음 그림과 같다.

에드퍼즐 주요 메뉴와 기능

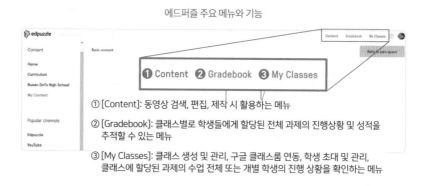

① [Content]: 동영상 검색, 편집, 제작 시 활용하는 메뉴

② [Gradebook]: 클래스별로 학생들에게 할당된 전체 과제의 진행상황 및 성적을 추적할 수 있는 메뉴

③ [My Classes]: 클래스 생성 및 관리, 구글 클래스룸 연동, 학생 초대 및 관리, 클래스에 할당된 과제의 수업 전체 또는 개별 학생의 진행 상황을 확인하는 메뉴

동영상 학습자료를 제작하기 위해 [Content] 메뉴로 이동해보자. 로그인하면 바로 보이는 화면이 [Content] 화면인데, 화면 상단 검색창에 검색어를 직접 입력하거나 찾고자 하는 자료의 내용에 따라 화면의 왼쪽에 있는 메뉴에 들어가서 수업에 필요한 동영상을 검색해서 활용할 수 있다.

에드퍼즐 [Content] 메뉴의 상세 메뉴

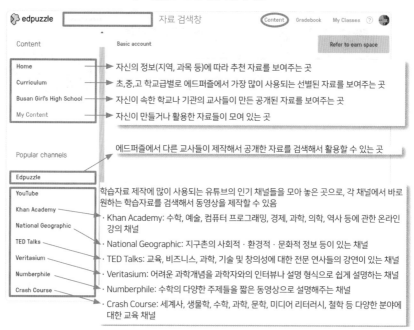

3.3.2 동영상 수업자료 제작

검색된 자료 중 자신에게 필요한 동영상을 체크한 후 [Copy(복사)]하면 [My Content(나의 자료)]에 저장되고, 바로 동영상 편집 화면으로 이동하여 작업하고 싶다면 [Edit(편집)]을 누르면 된다. 검색된 동영상을 여러 개 체크해서 한꺼번에 [Copy all(모두 복사)]할 수도 있고, 개별 동영상을 클릭해서 들어가면 보이는 하위 메뉴들을 이용해서 [Copy], [Edit], [Assign(할당)] 등을 할 수도 있다.

에드퍼즐에서 검색한 동영상 복사하기

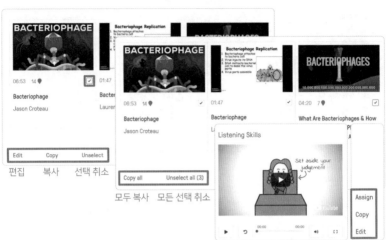

만약 이미 질문이 포함되어 있어 큰 가공 없이 즉시 사용할 수 있는 동영상을 찾고 싶다면 [Edpuzzle] 검색 채널을 사용하여 다른 교사가 만든 동영상을 찾자. 안전하고 교육적인 동영상을 찾으려면 [Popular channels]-[YouTube]를 클릭한 뒤 검색하면 된다. 그 외 Ted Talks, National Geographic, Crash Course, Khan Academy 등 나머지 채널도 전 세계적으로 유명하고 인기 있는 교육용 채널들이기 때문에 질 높은 교육용 자료를 찾을 때 매우 유용하다.

또한 [자기 학교 채널]을 통해 학교 내 동료 교사나 같은 교과 교사들이 학습자료를 공유할 수 있다. 이렇게 집단지성을 발휘하여 학습자료 자체의 활용도를 높여 보자. 교사 간의 협력을 바탕으로 한 학습공동체 활동도 더욱 활발해질 것이다. 마지막으로, [My Content]는 자신이 업로드하거나 복사한 동영상을 탐색할 수 있는 곳으로 자신만의 콘텐츠 라이브러리라고 생각하면 된다. 다만 무료 버전에서는 동영상 20개까지만 저장할 수 있다.

활용 Tip 　알아두면 편한 사용법

- 유튜브 동영상 링크가 있을 경우에는 링크를 상단 검색창에 붙여 넣으면 편집하는 화면 으로 바로 이동하기 때문에 매우 편리하다.

- 에드퍼즐 무료 버전에서는 동영상이 20개까지만 저장 가능하지만, 다른 교사에게 에드 퍼즐을 추천해서 그 사람이 계정을 만들면 그때마다 저장 공간을 3개씩 더 얻을 수 있다.

자신이 만든 영상을 [My Content]에 업로드하려면, [My Content]에서 [Add Content(자료 추가)]를 눌러 [Upload a video(동영상 올리기)]를 하면 된 다. 다음 그림처럼 [Choose a file…] 버튼을 클릭하여 저장된 동영상을 업로 드하거나, 업로드하려는 파일을 드래그앤드롭하면 하단에서 바로 업로드 과정을 볼 수 있다. 자신의 구글 드라이브에 있는 동영상을 바로 옮겨올 수 도 있다. 업로드 처리가 완료되면 해당 영상은 [My Content] - [Videos]에 저 장된다. 만약 자료를 내용에 따라 분류해서 관리하고 싶다면 [New folder] 메뉴를 활용하면 된다.

동영상 업로드하기

[My Content]에 업로드되거나 복사된 동영상을 선택하면 다음 그림과 같은 화면이 나타난다. 여기에서 영상을 편집하거나 학급에 과제로 부여할 수 있다.

업로드한 동영상 메뉴

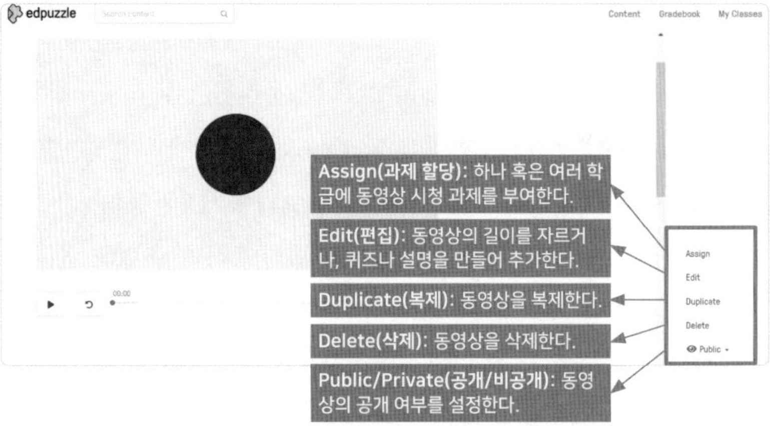

우선 동영상 편집을 위해 [Edit]을 선택해보자. 에드퍼즐에서는 [Cut(자르기)], [Voiceover(음성 삽입)], [Questions(질문 삽입)] 3가지의 간단한 편집 기능을 제공하고 있어서 기존에 제작된 동영상을 편리하게 학습자료로 가공할 수 있다.

먼저 [Cut] 기능을 활용하여 영상의 앞이나 뒷부분을 없애려면 영상 아래 파란 막대의 시작이나 끝 지점을 원하는 지점까지 드래그하면 된다. 영상의 중간 부분을 삭제하려면 해당 부분의 시작과 끝 지점 각각에 [Add cut]을 눌러, 끊어진 부분의 한 쪽 끝을 빨간 휴지통 표시가 나타날 때까지 다른 끝쪽으로 끌고 가서 놓으면 된다.

동영상 편집 메뉴와 Cut 편집 화면

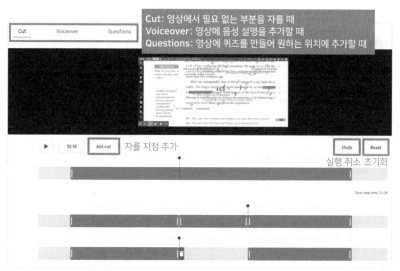

[Voiceover]는 기존 영상의 오디오 위에 자신의 설명이나 말을 덮어씌우는 기능으로 음성 삽입을 원하는 지점으로 이동한 후 음성을 녹음하면 된다. 이 기능을 활용하여 음성 없이 화면 녹화만 되어 있는 동영상에 설명이나 강의를 넣을 수 있다. 다만 유튜브에서 복사해 온 영상들은 유튜브 정책에 따라 [Voiceover] 기능이 실행되지 않는다.

[Voiceover] 편집 화면

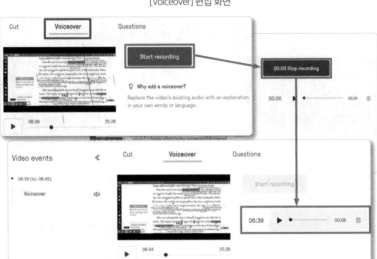

마지막 편집 기능인 [Questions]은 에드퍼즐의 큰 장점이다. 동영상 중간중간에 퀴즈를 삽입하여 학생들이 내용을 잘 이해하는지를 점검할 수 있다. 퀴즈 삽입을 위해 우선 [Questions] 탭을 선택하면 다음과 같은 화면을 볼 수 있다. 동영상 아래의 타임라인 막대를 이용하여 질문을 추가하려는 지점에 도달했을 때, 다음 그림에 제시된 세 가지 문제 유형 중 추가할 유형을 선택한다. [Multiple-choice question]은 동영상의 내용을 이해하고 있는지 확인하는 간단한 문제를 제시할 때 사용하고, [Open-ended question]은 비판적 사고를 장려하기에 좋으며, [Note]는 몇 가지 더 많은 정보를 추가하거나 간단한 음성 설명을 기록할 때 적합하다.

[Questions] 편집 화면에서 세 가지 질문 유형

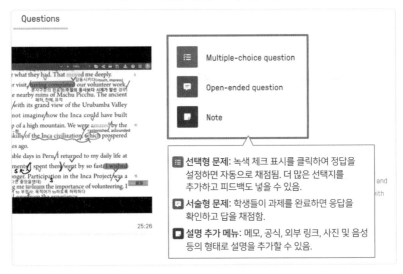

다음 화면은 선택형 문제를 만드는 장면이다. 오른쪽 상단의 드롭다운 메뉴를 클릭하면 문항 작성 중에도 문제 유형을 변경할 수 있다. 위에서부터 차례로 문제와 선택지를 쓰고, 선택지 중 정답인 곳은 녹색 체크, 오답인 곳은 빨간색 [X] 표를 선택한 뒤, [Save(저장하기)]를 누른다. 정답을 미리 정해 둔 선택형의 경우 자동으로 채점되어 저장된다. 피드백을 클릭하면 각 응답에 대해 학생들에게 제공할 피드백을 추가할 수 있다.

영상에 퀴즈 삽입하기

질문 편집 시 동영상의 같은 지점에 여러 개의 Note나 질문을 추가 (📑📷🎬)할 수 있고, 질문의 위치도 타임라인 막대를 따라 드래그하여 이 동시킬 수 있다. 연필 아이콘(✏️)을 사용하면 질문을 편집할 수 있고, 불필 요한 질문은 휴지통 아이콘(🗑️)으로 삭제하면 된다.

3.3.3 수업에 적용하기

이제 학생들에게 동영상 학습자료를 할당할 시간이다. 에드퍼즐을 처음 시 작하는 사람은 교사 계정으로 로그인하고 상단 메뉴 중 [My Classes]를 선 택하면 화면 중간에 [Add new class]와 [Google Classroom] 버튼이 표시된

다. [Google Classroom] 옵션을 사용하면 현재 에드퍼즐에 로그인된 구글
계정으로 사용 중인 구글 클래스룸의 학급들을 선택하여 바로 가져올 수
있다.

구글 클래스룸 학급 가져오기(Import)

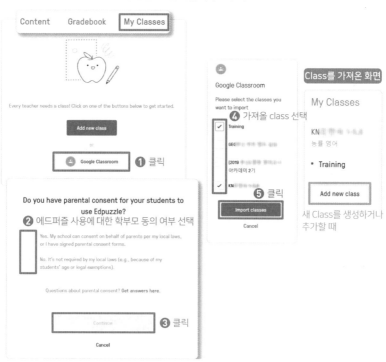

구글 클래스룸을 가져오지 않고 새 클래스를 만들려면 [Add new class]를 클
릭한다. 새 화면이 열리면 클래스의 이름을 입력하고 원하는 경우 설명을
추가한다. Class Type(클래스 유형)은 [Classic]을 선택한 후 [Create class]를
누른다. 이렇게 만든 클래스는 [Class members] 메뉴에서 보이는 Class code
나 링크 주소 등을 공유하여 학생을 초대할 수 있다(학생들은 로그인하여 왼
쪽 메뉴 하단에 있는 [Join a class(수업 참여)]를 누르고 Class code를 입력한다).

나중에 학생의 이름 변경, 비밀번호 재설정, 학급에서 제거 등을 작업해야
할 경우에도 [Class members]에서 하면 된다.

새 학급 생성하고 학생 초대하기

활용 Tip   알아두면 편한 사용법

Class Type 중 [Open] 유형은 학생들이 별도의 회원가입이나 로그인 없이도 수업 코드나 링크만으로 빠르게 수업에 참여하도록 하는 것으로, 이메일 주소가 없는 어린 학생들에게 사용하면 좋다. 다만 Open Class의 경우 Gradebook은 사용할 수 없고, 각 동영상에서 학생들의 학습 상황을 확인할 수 있다. 또한 학생들이 자신이 입력한 별칭(닉네임)으로 수업에 참여하기 때문에, 신원을 확인할 수 있는 별칭을 짓도록 적절히 안내해야 한다.

개설된 학급에 동영상 수업을 할당하는 방법은 두 가지가 있다. 동영상 편집을 완료한 후 오른쪽 메뉴에서 [Assign(할당)]을 선택하거나 [My Content]에서 동영상을 클릭한 뒤, 하단 메뉴에서 [Assign]을 선택하는 것이다. 일단 동영상을 할당하는 화면이 열리면 과제를 할당할 클래스를 선택하고, 과제 시작 일시와 마감 일시를 지정한다. 그리고 학생들이 영상 중간에 뛰어넘기를 하거나 빠른 속도로 보지 못하도록 [Prevent Skipping(건너뛰기 방지)] 스위치를 [On]으로 설정한다. 필요에 따라 [Turn on CCs(자막 틀기)] 옵션도 활성화할 수 있다. 마지막으로 구글 클래스룸에 게시할 경우에는 [Post on Google Classroom] 스위치를 [On]으로 설정한 후 파란색 [Assign] 버튼을 클릭하면 된다.

동영상 과제 배포하기(건너뛰기 금지 설정)

할당 후 오른쪽 메뉴에서 [Share assignment(할당 공유)]를 클릭하여 과제에 대한 직접적인 링크를 사용하여 학생들과 과제를 공유할 수도 있다.

 과제 링크는 각 클래스마다 고유하므로 같은 동영상 과제를 여러 클래스에 할당한 경우 모든 클래스에 다른 링크가 생성된다는 점에 유의하자.

에드퍼즐에서는 동영상을 할당한 후 클래스 전체 혹은 개별 학생의 학습 진행 상황을 확인할 수 있다. [My Classes]로 가서 클래스를 선택한 다음 보고 싶은 과제를 찾아 클릭하면, 해당 클래스에서 각 학생의 학습 진행 상황과 성적에 대한 요약이 표시된다. 여기에는 학생들이 시청한 동영상의 양, 성적, 동영상을 마지막으로 시청한 시간 및 과제 제출 여부가 포함되어 있다.

클래스 전체 학습 진행 상황 확인하기

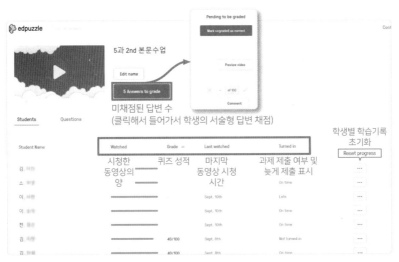

개별 학생의 학습 진행 상황을 추적하려면, 같은 페이지에서 해당 학생 이름을 찾아 클릭하면 된다. 학습 진행 상황에 대한 전체 보고서가 표시된다. 이 보고서는 해당 과제에 대한 전체 성적, 올바른 답변 수, 동영상을 시청한 비율, 동영상 시청 시간, 과제 제출 시간, 동영상의 각 섹션을 시청한 횟수를 보여주어, 실제로 학생들이 어떻게 과제를 수행했는지를 구체적으로 파악할 수 있다.

개별 학생의 학습 진행 상황 확인하기

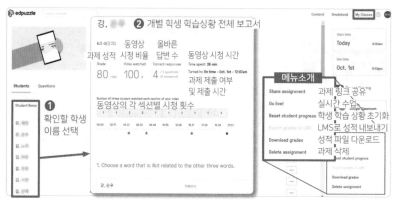

마지막으로 여러 과제에 걸친 클래스의 진행 상황을 파악할 수 있는 [Gradebook(성적표)]메뉴를 살펴보자. 먼저 상단 메뉴 모음에서 [Gradebook]을 선택한 다음 드롭다운 메뉴에서 보고 싶은 클래스를 선택한다. 기본적으로 지난 30일 간의 동영상 과제들이 보이는데, 날짜 범위를 변경하려면 [Start Date] 상자를 클릭해서 원하는 날짜를 입력하면 된다.

[Gradebook(성적표)] 화면 둘러보기

앞선 그림과 같이 [Gradebook] 화면에서는 종합적인 학습 진행 상황을 볼 수 있다. 먼저 질문이 있는 동영상 과제를 할당한 경우 학생이 각 과제에서 받은 성적을 볼 수 있는데, 세 개의 점이 표시되면 할당에 아직 성적이 매겨져야 하는 보류 중인 서술형 질문이 있다는 것을 의미한다. 각 성적 아래의 얇은 선은 학생의 동영상 시청 백분율을 보여준다. 각 학생의 행의 시작 부분에는 학생이 표시된 기간 동안 획득한 모든 성적의 평균이 [Total score(총점)]으로 표시된다. 이는 평가 도구로 에드퍼즐을 사용하는 경우 유용한 정보가 된다. [Total score] 옆에는 [Total time spent(총 소요 시간)]이 보이는데, 이는 학생이 학습에 얼마나 많은 노력을 기울였는지 분석하는 데 도움이 될 수 있다.

또한 학생이 마감기한이 있는 과제를 늦게 제출한 경우 해당 성적 옆에 빨간색 시계 아이콘이 표시되어 전반적인 학생의 성실도도 바로 판단할 수 있다. [Gradebook]의 성적을 다운로드하려면 [Export Gradebook(성적표 내보내기)]를 클릭한다. CSV 파일로 바로 받을 수 있다.

이처럼 [Gradebook]에서는 학생의 이름을 클릭하면 개별 보고서가 열리고, 총점, 소요된 총 시간 및 각 과제에 대한 진행 상황을 볼 수 있어서 개인별 상담자료로 활용하기 좋다.

활용 Tip 에드퍼즐로 온라인 실시간 형성평가 실시

미리 제작해 둔 퀴즈가 삽입된 동영상 자료를 라이브로 학생들에게 공유하면서 실시간으로 형성평가할 수 있는 기능이 있어, 단순 콘텐츠 제시형 온라인 수업을 관찰·기록이 가능한 실시간 쌍방향 수업으로 업그레이드할 수 있다. 방법과 순서는 다음과 같다.

1. [메뉴]에서 과제를 할당한 후 오른쪽 메뉴에서 [Go live!]를 클릭한다.

2. 학생들과 교사의 스크린 공유한다.

3. 학생들 각자 기기로 에드퍼즐에 로그인한 후 교실에 입장한다.

4. 강의를 진행한다.

5. 교사의 진행에 맞춰 삽입된 퀴즈가 나오면 학생들이 각자 기기로 실시간으로 응답을 제출하고, 교사는 피드백한다.

4. 클래스카드, 퀴즈앤: 암기는 게임처럼

- 필요한 계정: 클래스카드 계정, 퀴즈앤 계정
- 접근 방법: 클래스카드 홈페이지(classcard.net), 퀴즈앤 홈페이지(quizn. show)

배움의 과정에서 암기가 필수인 부분이 있다. 국어나 영어의 어휘, 수학과 과학의 공식, 사회 과목의 개념 등 예는 다양하다. 그러나 기계적인 반복 암기는 학습자의 학습 의지를 꺾는 경우가 많다. 자칫 지루하게 느껴질 수 있는 암기 학습에 게임의 요소를 가미하면 어떨까? 학생이 지겹게 느낄 수 있는 암기를 조금 더 재미있게 할 수 있는 온라인 도구를 알아보자.

4.1 무엇을 할 수 있나요?

배움의 과정에서 기본적인 암기가 필요한 경우가 많지만 학생들은 반복 학습이 요구되는 암기에 쉽게 지겨움을 느끼는 경우가 많다. 이 장에서 소개할 클래스카드와 퀴즈앤 등의 온라인 도구를 활용하면 단순 암기로 여겨졌던 활동을 재미있는 게임으로 바꿀 수 있다. 뿐만 아니라 학습을 촉진시키는 즉각적인 피드백을 제공할 수 있고, 수행평가로 활용할 경우 채점의 어려움을 해결해준다. 나아가 학생 스스로의 속도에 맞게 학습하는 자기주도적 학습을 가능하게 한다.

4.2 시작해볼까요?

4.2.1 클래스카드

클래스카드(Class Card)는 전국 영어교사의 1/3이 사용할 정도로 널리 알려진 학습 도구이다. 영어 어휘 학습에 가장 빛이 나는 도구이지만 암기가 필요한 모든 과목 수업에도 적용할 수 있다. 클래스카드 구성의 기본적인 과정은 학급(클래스)을 만들어 학생들을 초대하고, 학습자료(세트)를 만들거나 공유받아 학급(클래스)에 보내어 학생들이 학습하게 하는 것이다. 이어지는 내용에서 자세히 살펴보자.

클래스 만들고 학생 초대하기

클래스 만들기

클래스카드 홈페이지에 접속하여 회원가입한다. 로그인 후 나오는 초기 화면에서 '나의 클래스' 옆에 있는 [+] 버튼을 클릭하여 클래스를 만들 수 있다. 클래스는 학생들을 관리하는 기본 단위이다.

클래스에 학생 등록하기

클래스에 학생을 등록하기 위해서는 원하는 클래스를 선택하고 [학생] 탭에서 [+ 학생 등록] 버튼을 누른다.

학생 일괄 등록하기 1

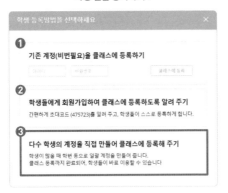

학생 등록 방법에는 세 가지가 있다. ①[기존 계정 등록]의 경우는 학생의 아이디와 비밀번호를 하나하나 입력해야 하기 때문에 매우 번거롭다. 만약 학생들이 이미 클래스카드 계정이 있는 경우에는 ②[초대코드]를 통해 간편하게 등록할 수 있다. 학생에게 초대코드를 알려주기만 하면 학생이 초대코드를 입력하여 클래스로 접속할 수 있다. 학생들이 클래스카드 계정이 없고 처음으로 이용하는 경우에는 ③직접 만들어 등록하는 것이 관리에 편하다. 이번에는 다수의 계정을 직접 만드는 방법을 알아보자.

학생 일괄 등록하기 2

그림에 표기된 ①에서는 학생 계정을 하나하나 만들 수 있고, ②[일괄 생성]
에서는 엑셀 파일을 활용하여 다수의 학생의 계정을 한 번에 만들 수 있다.

학생 일괄 등록 파일 만들기

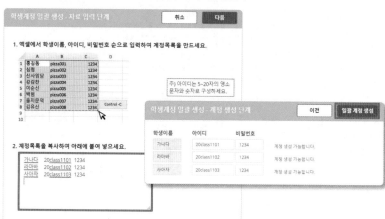

액셀에서 명렬을 만들어서 붙여 넣으면 일괄적으로 계정을 생성할 수
있다.

학생 계정 생성하기

학생을 클래스에 등록했다면 [학생] 탭에서 ①학생을 선택해서 ②비밀번호를 재설정하거나 ③다른 클래스에 배치할 수 있다.

> 세트 만들기

클래스카드 세트 만들기 1

학생이 클래스카드에서 학습하려면 세트를 만들어 제공해야 한다. 이미 만들어진 세트 중에서 선택해서 활용할 수도 있고, 원하는 세트가 없다면 세트를 만들어 학생에게 제공할 수도 있다.

방법은 먼저 메인 화면 상단 메뉴에서 [+ 세트 만들기]를 클릭한 후, 네 가지 종류의 세트 중에서 학습 목적에 맞는 것을 선택한다. 이번에는 영어 어휘 학습에 특히 유용한 단어 세트를 만들어 보자.

클래스카드 세트 만들기 2

①[엑셀, 한글자료 가져오기]에서는 엑셀이나 아래아한글로 만든 단어장이 있다면 쉽게 세트를 만들 수 있도록 도와준다. ②[본문 단어 추출하기] 기능에서는 텍스트를 복사하여 붙여 넣으면 그 안에서 클래스카드가 자동으로 중요한 단어를 추출해준다. ③번의 아이콘을 클릭하면 단어를 생성할 때 이미지를 함께 첨부하여 더 쉽게 학습할 수 있도록 할 수 있다. 세트를 완성했다면 [세트 저장하기]를 누르고 클래스에 추가한다.

4.2.2 퀴즈앤

퀴즈앤(QuizN) 역시 온라인 퀴즈 도구이다. 단, 제공하는 퀴즈의 종류가 클래스카드와는 다르다. 선택형, OX 퀴즈, 단답형, 순서완성, 초성 퀴즈 등 다양한 종류의 퀴즈가 가능하다. 뿐만 아니라 직관적인 인터페이스를 제공하여 사용하기 매우 편리하다. 무료 버전인 베이직 버전과 유로 버전인 PRO 버전이 있다. 제공하는 기능은 같지만 베이직 버전은 참여자의 수가 10명으로 제한되어 다수 학생을 대상으로 자주 사용한다면 PRO 버전을 구입하는 것이 좋을 것이다.

퀴즈앤에서는 퀴즈 세트를 'Show'라고 부른다. Show를 만드는 방법과 수업과 학습에 활용하는 방법을 알아보자.

퀴즈앤 쇼 만들기

퀴즈앤 사이트에 접속하여 로그인한 후 [Show 만들기]를 클릭한다. [Show 기본설정]에서 대표 이미지와 기본 정보를 입력하고, [Type]에서 퀴즈 타입을 선택한다. 여기서는 [순서완성형]을 선택하여 만들어 보자.

[순서완성형] 퀴즈 만들기

④에서 질문을 입력하고 ⑤에서 정답을 입력한 뒤, 정답의 순서를 정한다.
⑥의 [Options]에서 시간 제한, 점수 사용 여부, 결과를 어떻게 표시할지 설
정할 수 있다. 설정이 끝났다면 [저장]을 선택하여 저장한다.

퀴즈앤 쇼 진행하기

이렇게 쇼가 만들어지면 [Play]와 [Mission] 중 하나를 선택하여 진행할 수
있다. [Play]는 실시간으로 학생들과 활동하는 것이므로 실시간 쌍방향 수
업에 적합하다. [Mission]은 교사가 정한 기간동안 학생들이 자유롭게 활동
하는 것으로, 자신의 시간과 속도에 맞춘 자기주도적 학습이 가능하다.

퀴즈앤 쇼 설정하기

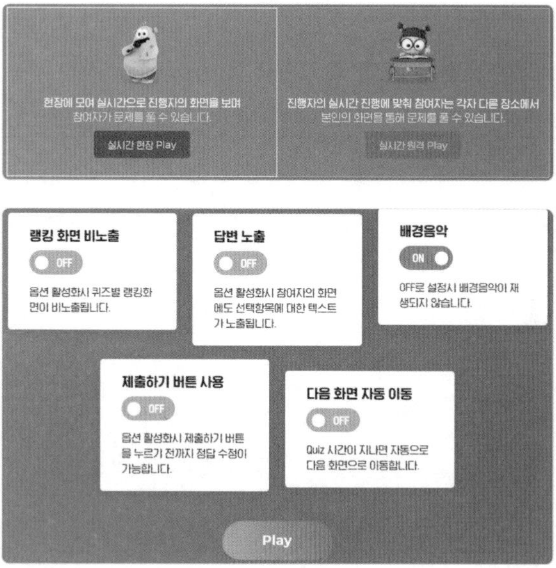

[Play] 설정 화면은 앞 그림과 같다. 온라인 수업 상황을 고려하여 실시간 원격 Play 모드도 제공하고, 교사에게 도움이 되는 다양한 옵션 제공하여 수업 시간에 활용하기 매우 편리하다.

4.3 자세히 알아볼까요?

지금까지 클래스카드와 퀴즈앤을 시작하는 방법을 알아보았다. 지식 습득에 많은 장점이 있는 이 도구를 수업과 학습에 어떻게 활용하면 좋을지 자세히 알아보자.

4.3.1 과정 중심 평가 활용

클래스카드를 활용하면 학생의 학습과정을 모니터링하고 적절한 피드백을 주는 것에 용이하다.

과정 평가에 활용할 클래스카드 메뉴

클래스에 들어가서 [리포트] 탭에서 학생 학습과정을 모니터링할 수 있다. 또한 [세트 학습현황]에서 세트별로 학생이 얼마나 학습했는지 한눈에 알 수 있다. 그림에 표시된 ③번 영역에서는 정렬, 엑셀 저장, 초기화 등을 설정할 수 있다.

학생 학습현황 확인하기

[학생 학습현황] 탭에서는 학생별로 학습 상황을 확인할 수 있다. [성적표]를 클릭하면 학생별 학습과정에 관한 더 많은 정보를 확인할 수 있다. 또한 인쇄도 가능하기 때문에 학생들에게 개별적인 피드백을 제공하기에도 유용하다.

학습 현황 인쇄하기

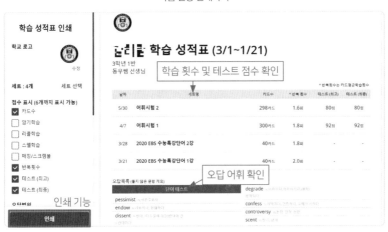

4.3.2 테스트 기능을 활용한 수행평가

테스트 기능을 활용하면 학생의 학습을 수행평가에 반영하기 용이하다. 단지 테스트를 통한 점수 산출뿐 아니라 수행평가에 활용할 수 있는 여러 설정을 제공하기 때문에 알아두면 편리하다.

수행평가 설정하기 1

먼저 [관리] 탭에 있는 [테스트 정책] 항목을 클릭하거나 [테스트] 버튼 옆 [설정]을 눌러 테스트 관련 설정을 변경할 수 있다.

수행평가 설정하기 2

테스트 안내

학생이 세트를 학습 한 후 테스트에 응시하면 선생님이 설정한 조건으로 문항이 생성 됩니다.
아래에서 단어 / 문장 / 용어 / 문제 세트의 세트 타입별로 출제 조건을 설정하세요.

	객관식		주관식	
출제 문항수	80	문항		
단어세트	객관식		주관식	
단어제시	50	%	의미입력 문장 허용하기	
의미제시	50	%	0	%
발음제시	0	%	0	%
예문제시	0	%	0	%
용어세트	객관식		주관식	
용어제시	50	%	0	%
설명제시	50	%	0	%

출제 문항 수와 유형 제시 비율을 설정한다.

수행평가 설정하기 3

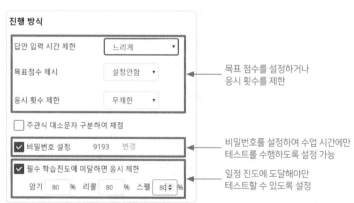

진행 방식

답안 입력 시간 제한   느리게 ▼

목표점수 제시   설정안함 ▼   ◀── 목표 점수를 설정하거나
                                    응시 횟수를 제한

응시 횟수 제한   무제한 ▼

☐ 주관식 대소문자 구분하여 채점

☑ 비밀번호 설정   9193   변경   ◀── 비밀번호를 설정하여 수업 시간에만
                                    테스트를 수행하도록 설정 가능

☑ 필수 학습진도에 미달하면 응시 제한   ◀── 일정 진도에 도달해야만
암기 80 % 리콜 80 % 스펠 80 ⬍ %   테스트할 수 있도록 설정

[진행 방식] 설정 항목에서는 목표 점수를 설정하거나 응시 횟수를 제한할

수 있다. 특히 유용한 기능은 [비밀번호 설정] 기능으로 테스트를 수행평가에 반영할 경우 비밀번호를 설정하여 수업 시간 중에만 응시하도록 구성할 수 있다. [필수 학습진도에 미달하면 응시 제한] 기능을 활용하여 일정 진도에 도달해야만 테스트를 응시할 수 있도록 설정할 수 있다. 이를 통해 테스트 전 학생들이 충분한 사전 학습을 하도록 유도할 수 있다.

수행평가 설정하기 4

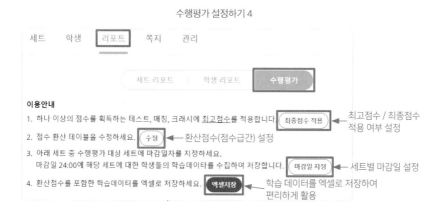

[리포트]-[수행평가] 항목에서는 테스트 결과를 수행평가에 쉽게 반영할 수 있는 설정을 제공한다. 최고 점수를 반영할 것인지, 아니면 최종 점수를 반영할 것인지 설정할 수 있고 점수를 정해진 기준에 따라 환산하도록 설정할 수 있다. 그리고 점수를 엑셀 형식으로 저장할 수 있어 쉽게 점수를 관리할 수 있다.

4.3.3 실시간 퀴즈로 학습을 흥미롭게

클래스카드의 퀴즈 배틀과 퀴즈앤의 Play 기능은 배움을 재미있는 게임으로 만들어준다. 실시간으로 엎치락뒤치락하는 순위를 보면서 학생들은 즐거운 경쟁심을 느껴 학습에 몰입한다.

활용 Tip 게임 활동 운영 팁

퀴즈 배틀과 Play 게임 활동을 진행할 때 하나의 팁을 소개한다. 학생들은 조그마한 사탕이나 초콜릿 같은 상품에도 즐거워하면서 게임에 참여하는데 이때 높은 순위의 학생들에게만 상품을 준다면 매번 같은 학생들만 상품을 받을 것이다. 그리하여 게임에 들어가기 전에 임의로 상품을 받을 등수를 정해두고(예: 3등, 7등, 10등, 15등…) 게임을 진행하면 많은 학생이 중간에 포기하지 않고 끝까지 참여하는 모습을 볼 수 있을 것이다.

4.3.4 선생님을 이겨라

클래스카드의 매칭 게임이나 퀴즈앤의 미션 기능을 활용하여 '선생님 이기기'를 도전 과제로 줄 수 있다. 교사가 직접 게임에 참여하여 획득한 점수를 캡처하여 학생들과 공유하고, 학생들에게 선생님의 점수를 넘어 보라는 미션을 부여하면 많은 학생이 열심히 참여할 것이다. 실제로 많은 학생이 교사의 점수를 아주 빠른 시간에 큰 격차로 넘어서는 것을 보면, 뿌듯함을 느낄 수 있다.

4.3.5 기대되는 기능들

클래스카드는 2021년 대대적인 개편을 앞두고 있다. 유료 서비스인 '클래스카드 아카데미'를 런칭하면서 단어 스피킹, 문장 스피킹 기능을 새롭게 제공할 예정이다. 이를 통해 학습자는 반복적 연습을 통해 발음과 유창성 향상을 기대할 수 있고, 교사는 말하기 영역도 조금 더 손쉽게 평가할 수 있을 것이다. 퀴즈앤은 한국형 패들렛 기능인 '보드' 기능을 준비 중이다. 이를 활용하면 학습자의 다양한 생각을 한 곳에 모으는 데 큰 도움이 될 것이라 생각한다.

5. H5P: 직접 디자인하는 학습자료

- 필요한 계정: 자주 쓰는 이메일 계정
- 접근 방법: H5P 홈페이지(h5p.org)

5.1 무엇을 할 수 있나요?

앞서 소개한 도구들은 특정한 학습 경험(예를 들어 동영상이나 퀴즈 등)을 제작하도록 설계되어 있다. H5P는 html5[7] 콘텐츠와 애플리케이션의 창작, 공유, 재사용을 쉽게 할 수 있도록 하는 콘텐츠 협업 플랫폼이다. 아주 다양한 쌍방향 콘텐츠 학습 경험을 제작할 수 있으며, 타인이 이미 만든 자료를 손쉽게 공유하고 수정하거나 사용할 수 있다. 제작된 콘텐츠를 학습관리시스템(LMS)에 삽입하여 활용할 수 있으며, 워드프레스나 무들(moodle)의 경우 학생들의 학습 결과(시작 시간, 마치는 시간, 점수, 문항당 머무는 시간 등)가 저장되어 개인화된 피드백 제공이 가능하다. 원한다면 새로운 콘텐츠 스타일도 창작할 수 있다.

다음 표는 H5P에서 제작 가능한 학습 콘텐츠의 예이다. 표에 있는 간단한 설명과 예시 그림을 참고하여 자신의 수업에 알맞은 콘텐츠를 제작해보자.

---

7   html: html이란 HyperText Markup Language의 줄임말로, 웹페이지를 만드는 마크업 언어이다. 웹페이지에서 글, 링크, 이미지, 소리, 영상 등의 미디어가 제대로 구현되도록 각각의 미디어를 표시하고 설명하는 데 쓰이는 컴퓨터 언어이다. 현재 사용되는 표준은 다섯 번째 버전인 html5이다(출처: 위키피디아).

H5P 학습 콘텐츠의 예

콘텐츠명&설명	예
Interactive Video 동영상 자료에 선택형이나 단답형 문제, 팝업 텍스트 등 사용자가 참여할 수 있는 미디어를 포함한다. 학습자들의 클릭에 따라 추가된 학습자료가 나타난다. 또한 학습자의 반응에 따라 다음 학습이 정해진다(Adaptivity).	
Course Presentation 기존에 사용하던 파워포인트 슬라이드에 멀티미디어를 추가하고 학습자들의 이해도를 측정할 수 있는 반응형 문제를 추가한다.	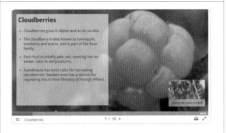
Quiz 선택, 단답형 빈칸 채우기, 단어 표시하기, 드래그앤드롭 등 다양한 형태의 퀴즈를 만들 수 있다. 하나의 퀴즈 세트에 다양한 문제 유형을 포함한다.	

Interactive Book

다양한 H5P 도구를 활용하여 여러 페이지에 걸친 학습자료를 구성한다. 마지막에는 학습자료 전체에 걸친 학습 데이터를 볼 수 있다.

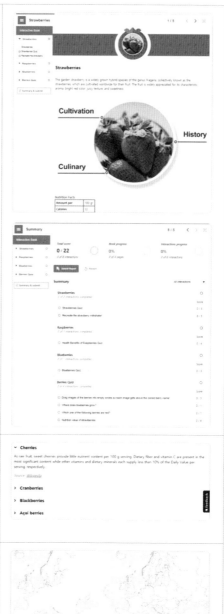

Accordion

각 표제어를 클릭하면 상세 내용이 보인다.

Agamotto

아래에 있는 스크롤의 움직임에 따라 이미지가 변한다.

Audio Recorder 질문에 대한 답을 녹음하도록 한다.	
Dialog Cards 카드를 뒤집으면 답이 보인다.	
Dictation 소리 파일을 클릭하여 듣고 빈칸에 쓴다.	
Documentation Tool 프로젝트를 설계하고 실행하는 것을 기록한다.	
Drag and Drop 아래에 있는 단어를 어울리는 이미지의 위치에 가져다 두도록 한다.	
Drag the Words 오른쪽에 있는 단어를 알맞은 빈칸에 가져다 둔다.	

Fill in the Blanks

주어진 글 속에 있는 빈칸을 채우는 문제이다. 자동채점 설정을 할 수 있다.

Find Multiple Hotspot

지시에 따라 그림을 선택하여 클릭한다. 정·오답 여부가 아래에 표시된다.

Find the Words

주어진 단어를 주어진 시간 내에 찾아 마우스로 표시한다.

Flashcards 간단하게 그림과 함께 제시하는 단답형 퀴즈이다.	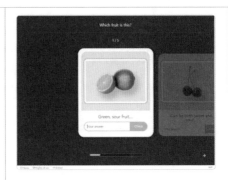
Image Hotspots 주어진 이미지에서 [+]로 표시된 부분(Hotspots)을 클릭하면 동영상, 텍스트 등 다른 학습자료가 나타난다.	
Image Pairing 왼쪽 세트의 이미지와 오른쪽 세트의 이미지에서 각각의 짝을 찾는다.	
Image Sequencing 주어진 시간 내에 이미지를 순서대로 배열한다.	

Mark the Words 주어진 텍스트에서 지시에 따라 단어를 선택한다.	
Speak the Words 지시에 따른 답을 녹음한다.	
Timeline 멀티미디어를 포함한 타임라인을 생성한다.	

5.2 시작해볼까요?

현재는 H5P 홈페이지(h5p.org)에서 제작 및 다운로드가 가능하나 곧 주소가 변경된다고 한다(h5p.com). 워드프레스, 무들, 드루팔(Drupal) 등의 플랫폼에서는 H5P의 무료 플러그인을 설치하여 사용할 수 있다. 그런데 변경된 주소(h5p.com)에서는 제작하고 배포할 때, 유료로 사용해야 하는 것으로 보인다. 무료로는 30일 시험 사용할 수 있으니 이 점 유의하길 바란다.

H5P의 현재 홈페이지(h5p.org)를 방문하여 콘텐츠 제작을 시작해보자. 우선 다음 첫 번째 그림과 같이 오른쪽 상단의 [Create free account]를 선택하여 계정을 만든다. 로그인한 후 [My account]에 접속하면 두 번째 그림처럼 나의 프로필이 나타난다. 빨간색 버튼 [Try out H5P]를 클릭한다. 그러면 세 번째 그림과 같이 'Create Interactive content' 아래로 제작 가능한 콘텐츠 목록이 나타난다. 현재 12가지의 콘텐츠 종류가 있고 그중 원하는 콘텐츠를 선택하여 제작하면 된다.

H5P 시작하기

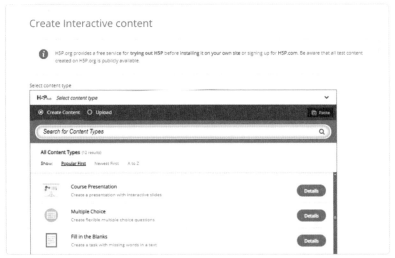

5.3 자세히 알아볼까요?

만들어진 H5P 학습 콘텐츠를 활용하는 방법을 살펴보자. 다음 그림에서 보듯 H5P 콘텐츠 왼쪽 하단에는 재활용([Reuse])하거나 삽입([Embed]) 링크를 생성하는 버튼이 있다. [Reuse] 버튼을 클릭하면 해당 콘텐츠를 가져가 쓸 수 있다. H5P 파일로 다운로드하거나 그대로 복사하여 이 파일 형태를 지원하는 웹 페이지에 붙여 넣을 수 있다. 또는 [Embed]를 클릭하여 삽입 링크를 복사하여 원하는 곳(교사의 홈페이지나 학습관리시스템 등)에 붙여 넣을 수 있다.

H5P 콘텐츠 재활용 또는 삽입

이제 문제(삽입)를 만드는 방법을 살펴보자.

H5P 삽입 문제 만들기

Create Interactive content

H5P.org provides a free service for **trying out H5P** before installing it on your own site or signing up for H5P.com. Be aware that all test content created on H5P.org is publicly available.

Select content type

H·P_{ᵂᵉᵇ}   *Drag the Words*   ⌄   콘텐츠 종류

Drag the Words was successfully uploaded!   ✕

📌 Tutorial   🕮 Example   만드는 방법([Tutorial]), 예제 문제([Example])   🗐 Copy   📋 Paste & Replace

▦ Drag Text   ⤢

Title *   Metadata

Used for searching, reports and copyright information

> 개인정보 침해 유형

과제 제목

Task description *

Describe how the user should solve the task.

> 단어를 알맞은 박스로 끌어놓으세요.

과제 설명

Text *

ℹ **Important instructions**   ✕ Hide

- Droppable words are added with an asterisk (*) in front and behind the correct word/phrase.
- You may add a textual tip, using a colon (:) in front of the tip.
- For every empty spot there is only one correct word.
- You may add feedback to be displayed when a task is completed. Use '\+' for correct and '\-' for incorrect feedback.

> **Example:**   H5P content may be edited using a *browser:What type of program is Chrome?*.
> H5P content is *interactive\+Correct! \-Incorrect, try again!*

과제를 만드는 방법 설명

> 개인정보와 낚시의 합성으로써 이메일이나 메신저를 통해 믿을만한 사람의 것처럼 가장하여 중요한 정보를 빼내어가려는 사기수법을 *피싱*이라고 한다. 웹브라우저에서 가짜 웹 페이지에 접속하게끔하여 개인정보를 훔치는 사기수법을 *파밍*이라고 한다. 문자메시지와 피싱의 합성어로써, 악성 앱 주소가 포함된 문자 메시지를 전송하여 사용자가 앱을 설치하게끔 유도하여 금융정보를 탈취하는 사기수법을 *스미싱*이라고 한다.

지문과 답 작성

▾ Overall Feedback

Define custom feedback for any score range

Click the "Add range" button to add as many ranges as you need. Example: 0-20% Bad score, 21-91% Average Score, 91-100% Great Score!

Score Range *   **Feedback for defined score range**

0 %   –   100 %   Fill in the feedback   ⊘

ADD RANGE   ✕ Distribute Evenly

▸ Behavioural settings.

▸ Text overrides and translations

H5P Options

☑ Display buttons (download, embed and copyright)

☑ Allow download

☑ Embed button

☑ Copyright button

Save   저장

콘텐츠의 종류에 따라 과제를 만드는 방법이 다르다. 만드는 방법은 가운데에 있는 지시사항(important instructions)에 제시되어 있다. 예를 들면, 삽입 문제 유형을 만들때에는 학생들에게 제시하고자 하는 문장이나 지문을 '지문과 답 작성' 박스에 적되, 삽입되는 단어의 앞과 뒤에 '*'를 입력한다. 그러면 학생들이 보는 결과물에는 '*'로 둘러싸인 단어의 자리는 빈칸으로 제시되고, 해당 단어들은 제시어로 나타난다. 도움이 필요한 경우 위쪽에 있는 만드는 방법([Tutorial])이나 예제 문제([Example])를 클릭하여 참고하도록 하자.

이번 챕터에서는 강의와 지식 습득에 효과적인 도구를 안내했다. 집중해서 읽는 것을 힘들어하는 요즘 아이들을 위해 듣기자료(몰입형 리더)나 영상자료(유튜브)를 함께 제공하는 방법을 알아보았다. 또한 에드퍼즐이나 H5P 등을 활용하여 기존 자료에 퀴즈 등 학습 콘텐츠를 추가하여 직접 만드는 방법도 살펴보았다. 지루하고 힘든 지식 습득과 암기를 게임의 형식으로 제시하면, 학생들이 저도 모르게 지식이 쌓이는 경험을 할 수 있다. 블룸의 인지 영역 학습 목표 중 적용, 분석, 평가, 창조 등의 활동은 앞으로 이어지는 챕터에서 다룬다. 온라인 학습 경험을 디자인할 때 이 영역들은 자주 혼합될 수 있다. 따라서 Chapter 3~5에서 소개되는 도구는 각각의 인지 영역으로 구분하지 않고 그 특성에 맞추어 구분한다. 이어지는 챕터에서는 학생들이 보다 더 자기 생각을 드러낼 수 있도록 돕는 도구를 소개한다.

블렌디드 수업 디자인

Chapter

들어보자, 너의 목소리:
참여하는 수업

들어보자, 너의 목소리: 참여하는 수업

인간의 생존을 위해 꼭 필요한 욕구 중 하나가 '타인으로부터 인정받고 싶은 마음'이라고 한다. 타인에게 받아들여지고 존중받는 것은 매슬로우의 욕구 단계에서도 중요하게 여겨진다. 보통 사람의 이런 평범한 마음을 알아주는 사람 중에 오프라 윈프리, 래리 킹, 유재석 등 영향력 있는 방송인들이 있다. 이들의 공통점은 경청과 공감의 능력이다. 이들은 함께 대화하는 사람들의 이야기에 귀를 기울인다. 그리고 그 모습을 보는 시청자들은 마치 내 이야기를 잘 들어주는 것 같은 느낌을 받는다. 이것이 그들의 성공 비결이라 할 수 있다.

그렇다면 이제 학생들의 목소리를 들어보자. 학생들은 자신의 생각을 표현하면서 비로소 수업에 참여하게 된다. 수업활동에 학생들의 참여는 필수적이다. 교과에 맞는 핵심 역량을 강화하고 창의성을 북돋우는 교육을 표방하는 2015 개정 교육과정에서는 학생들의 참여가 더욱 필요하다. 많은 교사는 논문(예: Lahademe, 1968[1]; Skinner, Wellborn & Connell, 1990[2]; Reyes, et al,

---

1 Lahaderne, H. M. (1968). Attitudinal and intellectual correlates of attention: A study of four sixth-grade classrooms. Journal of educational psychology, 59(5), 320.

2 Skinner, E. A., Wellborn, J. G., & Connell, J. P. (1990). What it takes to do well in school and whether I've got it: A process model of perceived control and children's engagement and achievement in school. Journal of educational psychology, 82(1), 22.

2012[3])을 뒤적이지 않더라도 학생들의 참여도와 성취율 사이에 상당한 상
관관계가 있음을 경험적으로 알고 있다. 그러나 현실에서 흔히 볼 수 있는
장면은 잠자는 학생들과 깨울지 말지를 고민하는 교사가 있는 오프라인 교
실 그리고, 학생들은 카메라와 스피커를 끈 채 오로지 교사의 화면과 목소
리만 공유되는 온라인 교실이다.

학생의 참여율(Student Engagement)을 높이는 방법에 대해 생각해 보자.
참여율을 높이는 요소로 행동, 인지, 감정 등 3가지를 생각해 볼 수 있다
(Fredricks, Blumenfeld & Paris, 2004[4]). 첫째, 수업에 대해 부정적이거나 수업
을 방해하는 행동이 없을 때이다. 둘째, 학생이 복잡한 내용을 이해하고 어
려운 기술을 익히려고 노력할 때이다. 셋째, 학습과정에 자신이 소속되어
있다는 느낌을 가지고 학습과정에 집중하며, 그 과정에 필요한 활동 또는
그 이상을 하려는 의지를 보일 때이다. 학생의 참여는 단순히 같은 시공간
에 있음을 뜻하는 것이 아니라 학습과정에 적극 참여하면서 의미를 만들어
가고 그 활동에 대한 감정을 갖는 것을 말한다. 그렇다면 참여를 귀찮아하
거나 힘들어하는 학생들을 위해서 교사가 할 수 있는 일은 무엇일까?

첫째, 학생들이 '이거 할 만하네'라는 생각이 들도록 해보자. 학습 내용이
어렵지 않아야 하는데, 모든 아이의 수준에 맞춘 수업을 교사 한 명이 진
행하기는 힘들다. 새로운 지식 습득을 귀찮아하거나 어려워하지 않도록
Chapter 2에 소개한 게임 방식을 활용한 클래스카드나 퀴즈앤을 활용해보

---

3   Reyes, M. R., Brackett, M. A., Rivers, S. E., White, M., & Salovey, P. (2012). Classroom emotional
     climate, student engagement, and academic achievement. Journal of educational
     psychology, 104(3), 700.

4   Fredricks, J. A., Blumenfield, P. C., & Paris, A. H. (2004). School engagement: Potential of the
     concept, state of the evidence. Review of Educational Research, 74(1), 59-109.

자. 또한 학생들의 질문을 받아 도움을 줄 수도 있다. 이때 익명으로 질문을 받을 수 있다면, 학생들의 걱정과 불안감을 낮춰 편하게 질문할 확률이 높아진다. 이 챕터에서 소개할 멘티미터를 활용해보자.

둘째, "내가 해냈어!"라는 느낌(a sense of accomplishment)이 들게 해보자. '해냈다'라는 느낌을 만드는 것은 큰 동기유발 방법이다. 학습 경험을 하는 동안 누구나 소소한 작은 성취감을 맛볼 수 있도록 해야 한다. 학생들에게 성취감을 주는 방법으로는 Chapter 2에서 소개한 게임과 같은 학습 퀴즈, 그리고 이 챕터에서 소개할 플립그리드를 이용한 자신의 의견을 말하기 등이 있다.

셋째, 학생들이 말하도록 하자. 학습과정에서 자신의 의견이나 생각이 반영되는 것을 알면, 그에 대한 주인의식(a sense of ownership)이 생긴다. 학생들이 지식을 수동적으로 받아들이는 입장에만 머무르지 않고, '내가 학습과정을 만들어가는 구성원이구나!'라는 느낌이 들도록 하자. 이 챕터에서 소개한 모든 도구는 이에 해당된다. 학생들이 장벽 없이 많은 얘기를 하도록 만들고 싶다면, 멘티미터나 마인드맵이나 패들렛 등을 사용하도록 하자. 진지하게 토의 혹은 토론을 하고 싶다면 플립그리드를, 토론이 익숙하지 않은 학생들이라면 페어덱으로 토론의 과정을 쪼개어 간단하게 의사 표현을 하는 도구를 활용해보자. 학생들에게 선택권을 주자. 학습 주제나 심지어 과제의 채점방식 등을 선택하는 과정에 학생의 의견을 반영해보자. 주인의식(a sense of ownership)은 학생들의 참여의식을 높인다. 이 챕터에 소개된 도구들은 선택의 과정에 다양하게 쓰일 수 있다.

넷째, 구체적인 피드백을 자주 줄 필요가 있다. 단순히 "잘했어요" "다시 해볼래?"와 같은 피드백은 현실적 도움이 되지 않아 학생들의 참여도를 낮출 수 있다. 무엇을 잘했는지, 무엇을 고쳐야 하는지 구체적으로 그때그때 얘기해 주자. 이 챕터에서 소개한 도구 중 플립그리드의 경우 피드백과 루브릭이 포함되어 있으므로 피드백 제공에 효과적이다. 다른 도구의 경우 교사와 학생, 학생과 학생이 다양한 방식으로 의견을 주고받을 수 있다.

단순히 보고 듣는 데 그치지 않고 직접 하는 활동을 디자인하자. 직접 무언가를 하면서 학생들은 시행착오를 겪으며 실패의 기분과 성취감을 느낀다. 그 과정에서 비판적 사고력을 기를 수 있다. 교과서를 읽고 강의를 듣는 활동만으로는 경험할 수 없는 일이다. 이제부터 이런 과정을 돕는 도구를 각각 만나보자.

1. 멘티미터: 익명으로 듣는 모두의 목소리

> - 필요한 계정: 구글 계정이나 페이스북 계정, 또는 이메일 주소로 회원가입
> - 접근 방법: 멘티미터 홈페이지(www.mentimeter.com)

1.1 무엇을 할 수 있나요?

멘티미터는 청중이 참여하여 발표자와 상호작용할 수 있는 프레젠테이션 제작 서비스이다. 청중은 자신의 디지털 기기를 이용하여 화면에 보여주는 질문에 익명으로 참여할 수 있다. 멘티미터에서 제공하는 질문의 형식이 다양하여 청중의 적극적인 참여를 유도할 수 있다. 이때 발표자와 청중이 같은 시공간에 있을 필요는 없다. 프레젠테이션에 참여하는 링크나 QR 코드를 공유하여 언제 어디서나 청중의 의견을 들어볼 수 있다.

멘티미터 프레젠테이션 장면

이런 특징을 살려 수업 디자인에 적용한다면, 교실 수업과 실시간 및 비실시간 비대면 수업에 모두 활용할 수 있다. 학생들에게 질문을 던져 의견이나 지식을 확인할 수도 있고, 거꾸로 학생들의 질문을 받을 수도 있다.

1.2 시작해볼까요?

다음 그림과 같이 멘티미터 첫 화면의 오른쪽 상단이나 가운데에 있는 [Sign up(가입하기)] 버튼을 클릭한다. 다음 화면에서 페이스북이나 구글 아이디로 로그인하거나 자주 쓰는 이메일 주소로 가입한다.

멘티미터 가입하기

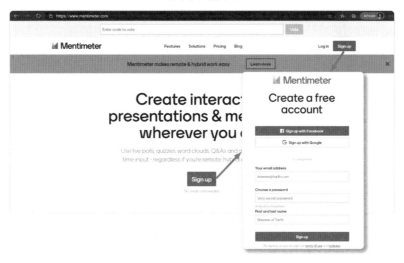

가입한 후 프레젠테이션을 시작하려면 다음 그림과 같이 [+ New presentation]을 선택한다. 팝업창이 나타나면 제목을 입력한 후 [Create presentation]을 클릭한다.

멘티미터 프레젠테이션 시작하기

1.3 자세히 알아볼까요?

새 프레젠테이션을 시작했다면 다음 그림과 같은 화면이 나타난다. 오른쪽의 패널에서 [Type]이 활성화되어 보인다. 질문이나 미디어의 종류를 선택하는 메뉴이다. 예를 들어, 보이는 메뉴 중 [Ranking(순위 정하기)]을 선택해보자. 패널이 [Type]에서 [Content(내용)]를 작성할 수 있도록 바뀐다. 오른쪽 패널에서 [Your question(질문)]과 [Items(선택지)]를 작성하면 왼쪽 슬라이드에 프레젠테이션할 때의 모습으로 나타난다.

멘티미터 프레젠테이션 작성하기

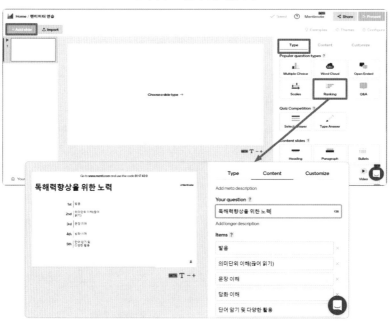

슬라이드를 추가하고 싶다면 왼쪽 상단의 [+ Add slide(슬라이드 추가)]를 클릭한다.

작성이 끝나고 실제 수업이나 발표를 진행하려면 오른쪽 상단에 있는
[Present] 버튼을 클릭한다.

멘티미터 수업 또는 발표 진행하기

이렇게 프레젠테이션을 시작하면, 모든 페이지 상단에 청중이 참여할 수
있는 방법이 안내되어 있다. 안내된 바와 같이 인터넷으로 사이트(www.
menti.com)에 접속하여 주어진 코드를 입력하면 된다. 좀 더 친절하게 안내
하는 방법은 다음 그림과 같다. 프레젠테이션 장면에서 왼쪽 하단에 마우
스를 가져가면 메뉴가 나타난다. 그중, 제일 왼쪽에 있는 [More]를 클릭하
면 더 많은 메뉴를 볼 수 있는 패널이 왼쪽에 나타난다. 청중의 참여 방법을
보여주는 [Show voting instructions]을 클릭한다. 사이트에 접속하여 코드
를 넣는 방법과 QR 코드로 접속하는 방법이 나타난다.

프레젠테이션 중 청중의 참여를 안내하는 방법

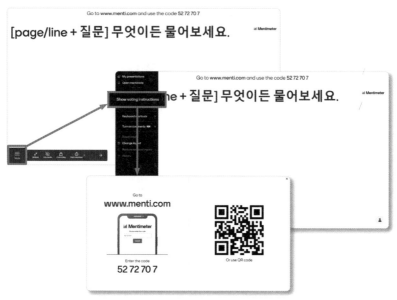

청중이 발표자와 다른 시공간에 있을지라도 멘티미터 프레젠테이션에 참여할 수 있는 방법이 있다. 프레젠테이션의 오른쪽 상단에 있는 [Share(공유)]를 클릭하면 다음 그림과 같은 팝업창이 나타나고, 숫자 코드, 링크, QR 코드 등 3가지의 참여 방법을 알려준다.

멘티미터 청중 접속 방법 안내

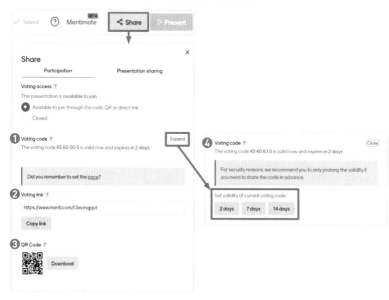

1. www.menti.com에 접속하여 입력할 코드 번호 알려주기
2. 직접 접속하는 링크 알려주기
3. QR 코드 알려주기

추가로 오랫동안 청중의 접속을 가능하도록 하고 싶다면 [Voting code] 메뉴의 오른쪽에 있는 [Expand(확장)]를 클릭하면 코드를 2, 7, 14일 동안 유효하게 할 수 있는 메뉴가 나타난다. 원하는 기간 동안 응답을 받을 수 있다.

다음 그림은 실시간, 비실시간으로 청중의 응답을 받은 결과 화면이다. 같은 시공간에 있다면 다음 그림과 같은 화면을 청중도 함께 볼 수 있다. 발표자와 청중이 다른 시공간에 있다면 발표자가 결과 화면의 링크를 공유해야만 청중이 볼 수 있다.

멘티미터에서 청중이 참여한 장면

청중의 응답을 포함한 프레젠테이션 결과를 저장할 수 있다. 응답을 받고 나면 오른쪽 패널에 결과 활용을 물어보는 버튼이 보인다. [Download results(결과 내려받기)]를 선택하면 스크린숏을 저장할 수 있는 화면이 나타난다. 응답 결과를 지우고 프레젠테이션을 재활용하고 싶다면 [Reset results(결과 리셋하기)]를 선택하면 받은 응답 결과가 삭제된다.

멘티미터 결과 내려받기

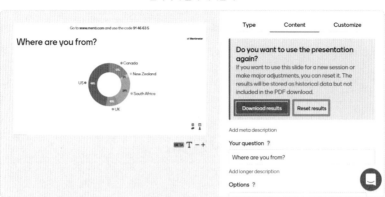

멘티미터의 또 다른 장점은 슬라이드를 손쉽게 재활용할 수 있다는 점이다. 다음 그림을 참고하여 재활용해보자.

멘티미터 슬라이드 재활용

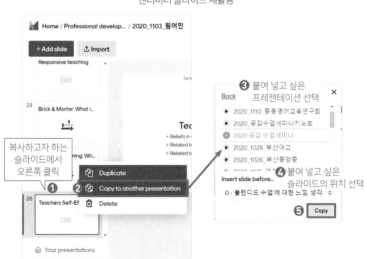

미리 만들어둔 혹은 사용했던 프레젠테이션에서 복사하고자 하는 슬라이드를 선택한 후 마우스 오른쪽 클릭하면 [Duplicate(복제: 해당 슬라이드가 하

나 더 생성됨)], [Copy to another presentation(다른 프레젠테이션으로 복사하기)], [Delete(삭제)] 메뉴가 나타난다. 그중 가운데에 있는 [Copy to another presentation] 메뉴를 선택하면 나의 프레젠테이션 목록이 나타난다. 그중 붙여 넣고자 하는 프레젠테이션을 선택하고 위치를 선택한다. 하단에 있는 [Copy(복사하기)]를 클릭하면 복사 과정이 완성된다.

활용 Tip 멘티미터로 만드는 수업 경험의 예

1. 새로운 단원을 시작할 때 [Word Cloud] 유형을 선택하여 해당 주제에 관해 아는 단어를 제출해보도록 한다. 화면에 나타난 단어들을 가지고 함께 이야기하면 주제에 관한 흥미를 유발할 뿐만 아니라 배경지식을 활성화하고 넓힐 수 있다. 학생들의 배경지식수준은 매우 다양하므로, 적은 배경지식이 있는 학생들도 어느 정도의 배경지식을 가지고 수업에 참여할 수 있게 된다.

2. 수업 중 실시간으로 설문조사 또는 채점이 필요 없는 형성평가를 실시할 수 있다(활용 타입: Multiple Choice, Scales, Ranking, 100 points 등). 결과가 그래프로 나타나면 학생들에게 그래프를 설명해보도록 한다. 통곗값을 읽고 해석하여 주제와 관련한 통찰력을 얻도록 하는 것도 좋은 수업활동이다.

3. [Open Ended] 타입을 선택하여 학생들에게 수시로 질문을 받는다. 질문이 모이면 교사가 답을 적어 학생들이 모두 볼 수 있는 온/오프라인 게시판에 게시하여 학생들의 다양한 질문과 교사의 답을 공유하도록 한다. 타인의 질문에서도 많은 것을 배울 수 있다.

4. 학생들이 멘티미터에 게시한 질문에 학생들이 답을 찾도록 하는 수업활동을 만들어본다. 3번에서 모인 질문을 PDF 파일로 내려받은 다음 실문별로 자른다. 질문이 많다면 적당히 분류해본다. 학생들을 몇 개의 모둠으로 나눈 다음 질문을 적당히 나눠준다. 모둠으로 질문에 대한 답을 찾도록 한다.

2. 마인드마이스터: 꼬리에 꼬리를 무는 생각

- 필요한 계정: 구글 계정이나 페이스북 계정, 또는 이메일 주소로 회원가입
- 접근 방법: 마인드마이스터 홈페이지(www.mindmeister.com/ko)
- 권장사항: 크롬 브라우저 사용을 권장한다. 참고로 크롬 웹 스토어에서 확장 프로그램으로 '마인드마이스터'를 검색한 후에 크롬에 추가하면 편리하다.

2.1 무엇을 할 수 있나요?

마인드마이스터(MindMeister)는 웹에서 공유 협업 및 브레인스토밍 환경을 제공하는 온라인 마인드 매핑 애플리케이션이다. 학생들이 실시간으로 함께 프로젝트를 계획하고 생각과 의견을 공유할 수 있을 뿐만 아니라 프로젝트 전체 개요를 한눈에 파악할 수 있다는 장점이 있다. 또한 학생들이 자기 머릿속 생각을 체계화하고 학습 내용을 시각적으로 조직화할 수 있어 암기나 공부에도 좋은 도구이다. 교사들은 수업에서 수업 내용을 조직화해서 학생들에게 보여줄 때 유용하게 쓸 수 있다.

2.2 시작해볼까요?

마인드마이스터 홈페이지(www.mindmeister.com/ko)로 접속해서 오른쪽 상단에 [회원 가입] 버튼을 누르거나 홈페이지 가운데 [시작하기]를 눌러 회원가입을 한다. 구글 아이디나 페이스북 아이디를 이용해 바로 회원가입할 수도 있고, 일반 이메일 주소로 가입하는 것도 가능하다.

마인드마이스터 가입하기

무료(Basic) 버전의 경우 3개의 마인드맵만 사용할 수 있기 때문에 새로운 작업을 할 경우 기존에 만든 마인드맵을 삭제해야 한다. 아쉽게도 무료 버전에서는 PDF나 이미지 파일로 내보내기, 마인드맵 인쇄하기의 기능이 지원되지 않는다. 단, 가장 낮은 단계(저렴한)의 유료 버전에서도 무제한으로 마인드맵을 만들 수 있고 파일로 내보내거나 인쇄가 가능하며, 학생, 교사, 교직원에게 제공되는 교육용 플랜(bit.ly/mindmeister-eduprice)은 가격이 좀 더 저렴하게 제공되니 참고하길 바란다.

마인드마이스터 제공 플랜 비교표

2.3 자세히 알아볼까요?

2.3.1 대시보드와 메뉴

자신의 이메일 주소와 암호 또는 구글이나 페이스북 아이디로 로그인하면 마인드마이스터 대시보드가 나온다. 이곳에서 마인드맵을 생성하거나 복제, 폴더 생성과 이동 등을 할 수 있다.

마인드마이스터 대시보드

메뉴가 한글로 지원되기 때문에 직관적으로 사용하기 편하다. 왼쪽 메뉴 중 [내 맵]에서는 내가 만든 맵을 볼 수 있으며, 맵에서 일어난 활동들이 시간순으로 기록되어 있다. [템플릿]은 마인드맵을 쉽게 시작할 수 있도록 용도별로 미리 만들어진 서식을 제공하는 메뉴로, 마음에 드는 템플릿을 골라 사용할 수 있다. 마음에 드는 맵 템플릿이 없다면 [+] 표시만 되어 있는 공백 맵을 선택하면 된다.

[공개]에서는 자신이 공개한 맵을 찾을 수 있을 뿐만 아니라, 다른 사람들이 만들어서 공개한 맵도 볼 수 있다. 아이디어를 얻거나 맵 검색으로 자신이 활용할 수 있는 맵을 찾아보자. [휴지통으로 이동]은 자신이 삭제한 맵이 모여 있는 곳으로 여기서 휴지통 비우기와 삭제된 맵 복구를 할 수 있는데, 안타깝게도 무료 버전에서는 맵 복구가 불가능하다.

상단 메뉴에는 새 마인드맵이나 새 폴더를 만드는 메뉴(①, ②), 맵 형식을 가져오는 메뉴(③), 대시보드의 배경색을 변경하는 메뉴(④), 내 맵을 검색하는 메뉴(⑤), 활동 알림창을 활성화시키는 메뉴(⑥)가 있다.

마인드마이스터 템플릿의 종류

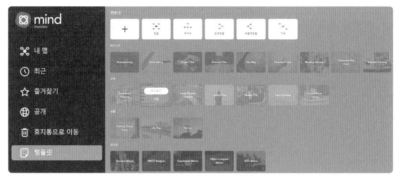

- 맵 형식을 가져올 때 지원되는 형식은 MindManager, XMind, Freemind 및 일반 텍스트인데, 일반 txt 파일을 불러오면 자동으로 마인드맵을 만들어 주는 기능이 매우 편리하다.
- 구글 문서의 부가기능에서도 마인드마이스터를 설치할 수 있어, 구글 문서 내용을 바로 마인드맵 형태로 변경할 수도 있다.

2.3.2 마인드맵 작성

이제 공백 맵을 선택해서 기본적인 마인드맵 작성법을 살펴보자. 대시보드 왼쪽 상단의 [새 마인드맵]을 선택한 후 템플릿이 나타나면 가운데 [+]가 표기된 빈 맵을 클릭한다. 맵의 중앙 부분에 '내 최근 마인드맵'이란 중심 주제(Root Topic)가 있는 맵 편집기 화면이 나타난다. 이때, 중심 주제를 클릭하여 제목을 입력한 후 [Enter] 키를 누른다(이 중심 주제의 이름이 해당 마인드맵의 이름이 됨). 여기에 하위 수준의 주제를 추가하려면 [Tab] 키를 누르고 주제를 입력한 후 [Enter] 키를 눌러 입력을 완료한다. 방금 입력한 것과 동일한 수준의 주제를 추가하려면 [Enter] 키를, 그보다 하위 수준의 아이디어를 추가할 때는 [Tab] 키를 눌러 마인드맵을 구성해가면 된다.

긴 문장을 쓸 경우, 줄 바꿈을 하고 싶다면 키보드 [Shift]+[Enter] 키를 누른다. 물론 편집기 상단의 메뉴를 사용하면 되지만, 실제로 마인드맵을 작성할 때는 단축키를 사용하는 것이 좀 더 빠르고 편리하다.

맵 편집기 상단 메뉴를 살펴보면 다음 그림과 같다.

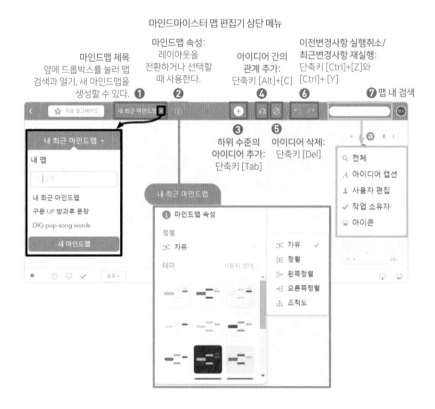

마인드마이스터 맵 편집기 상단 메뉴

마인드맵을 작성하다가 어떤 주제의 위치를 이동하고 싶은 경우에는 해당 노드(Node)를 클릭한 후 드래그해서 원하는 위치로 이동하면 된다. 다음 그림은 '봉사활동' 아래에 있던 '활동내용1'의 노드를 마우스로 드래그하여 다른 곳으로 이동하는 모습이다.

노드(Node) 이동하기

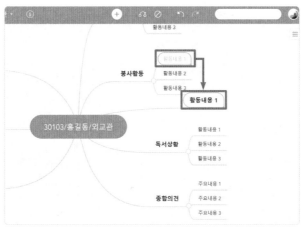

상위 주제에서 드래그하거나 원하는 위치에서 마우스 오른쪽 클릭한 후 [Disconnect(분리하기)]를 클릭하여 분리된 항목(Floating Topic)도 만들 수 있다. 다음 그림은 '봉사활동' 노드가 중심 주제 '30103/홍길동/외교관'에서 분리된 모습을 보여준다.

분리된 항목 만들기

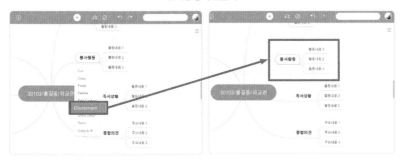

이렇게 작성된 기본 마인드맵은 오른쪽의 사이드바에서 폰트 크기, 배경색 상을 변경하거나 아이콘, 이미지, 동영상을 추가하고 메모, 링크, 파일을 첨 부하여 더욱 알차고 세밀한 맵으로 만들 수 있다.

마인드마이스터 사이드바

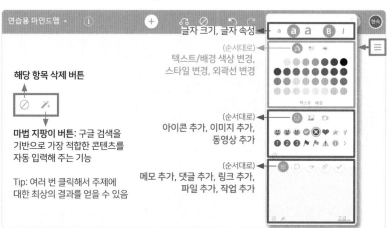

주제에 이미지를 첨부하는 방법은 세 가지가 있다. 이미지 아이콘을 클릭 한 후 마인드마이스터 라이브러리에서 선택하는 방식, [+] 버튼을 클릭해 서 직접 PC에서 업로드하는 방식, 원더빌더 기능을 사용하는 방식이다. 원 더빌더 기능은 주제 키워드로 구글 이미지 검색의 첫 번째 결과 이미지를 자동으로 추가한다. 혹은 웹 이미지를 직접 고를 수도 있다.

메모는 주제에 좀 더 상세한 설명을 붙여 중요한 정보를 공유하거나 아이 디어의 상세내용을 추가할 때 사용하면 좋다. 노란색 노트 위젯에 내용을 입력한 후 입력 칸 바깥을 클릭하면 메모가 자동으로 저장된다. 메모가 추 가된 경우 해당 주제 노드에 메모 아이콘이 생성되고, 그 위에 마우스 커서 를 갖다 대면 메모의 내용이 나타난다.

링크 추가는 해당 주제를 다른 마인드맵이나 웹 사이트와 연결시키고 싶을 때 사용한다. 마법 지팡이 아이콘을 클릭하면 해당 주제에 대한 구글 검색 결과를 자동으로 연결하는 원더링크 기능이 있어서 매우 편리하다.

마인드맵에 파일을 첨부할 수도 있다. 파일 위젯의 [+] 버튼을 눌러 로컬 PC에서 업로드할 것인지, 드롭박스, 구글 드라이브, 혹은 에버노트에 있는 파일을 업로드할 것인지만 선택하면 된다. PC에서 파일을 직접 마우스로 드래그해서 원하는 주제 위에 드롭하여 첨부할 수도 있다. 첨부된 파일은 주제 오른편의 종이클립 모양의 아이콘을 클릭하면 그 내용을 볼 수 있다.

2.3.3 마인드맵 공유

마인드마이스터 마인드맵의 장점은 인원수에 관계없이 사람들을 초대해서 실시간으로 브레인스토밍하고 협업할 수 있다는 것이다. 사용자들은 자신의 고유색상을 가지며, 실시간으로 맵의 변경사항을 볼 수 있고, 내장된 채팅창을 사용해서 맵에서 같이 작업하면서 대화할 수도 있다. 이러한 장점 덕분에 학생들은 모둠으로 프로젝트를 수행할 수 있고, 교사는 실시간으로 지켜보며 피드백을 줄 수 있어 원격 수업에서 유용하다. 다만 공동작업자가 너무 많을 경우 인터넷 환경에 따라 지연현상이 발생하기도 한다.

마인드마이스터에서 모든 마인드맵은 기본적으로 비공개이므로, 마인드맵을 공유해서 다른 사람들과 협업하려면 이메일을 통해 초대하거나 링크를 공유해야 한다. 초대할 때, 두 가지 권한 중 하나를 줄 수 있는데 맵을 수정할 수 있는 [편집가능(Edit)] 권한 또는 보기만 할 수 있는 [조회가능(View)] 권한이다. 또한 언제든지 맵에 대한 접근을 취소할 수 있다.

마인드마이스터 마인드맵 공유하기

공유된 인원과 공동작업자 이름

이메일로 공유하는 방법은 먼저 맵 하단의 [공유] 버튼을 클릭하여 공유 대화 상자를 연다. 초대받은 사람의 이메일 주소를 [초대하기] 란에 입력하고 [초대]를 클릭한다. 링크로 맵을 공유하고 싶으면, 공유 대화 상자에서 [공유 링크] 옆의 상자를 체크하여 아래에 링크가 생성된 것을 확인하고 [링크 복사]를 클릭해서 해당 링크 주소를 클립보드에 복사한다. 복사한 링크를 이메일이나 문서, 게시판 등 원하는 곳에 붙여 넣으면 된다. 이메일로의 초대든 링크 공유든, 기본적으로 공동 작업이 가능한 편집 권한이 주어지는데, 이 권한은 [공유 설정]에서 변경할 수 있다. 공유 링크가 불필요하게 노출되었거나 공동작업자를 더 이상 추가하고 싶지 않을 경우에는 [공유 설정]에서 [공유 링크] 옆 상자를 체크하면 나오는 [새 링크 생성]을 선택하여 이전 링크를 무효화하면 된다.

2.3.4 변경이력 보기

마인드마이스터에는 [변경이력 보기] 기능이 있어서, 맵에서 이루어진 모든 변경사항을 시간순으로 재생해보면서 검토하고, 이전의 특정 시점으로 되돌릴 수 있다.

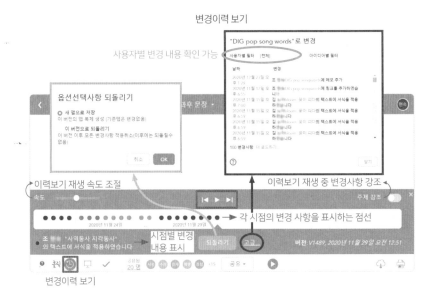

변경이력 보기

[변경이력 보기] 기능을 열고 닫기 위해서는 맵 하단 왼쪽의 시계모양을 클릭한다. 변경이력 보기 모드를 열면 점선이 보이는데, 점선에서 각각의 점은 각 시점의 변경사항을 표시한다. 공유된 마인드맵이라면 작업자마다 점의 색은 다르게 표시되는데, 자신이 변경하거나 입력한 부분은 붉은색 점으로 나타나고, 그 외 다른 색의 점들은 공동작업자가 한 작업을 의미한다. 점선 아래에는 각 변경사항의 내용을 볼 수 있다. [되감기] 버튼을 클릭하면 마인드맵의 최초 시작 시점으로 바로 이동하고, 이 지점에서 [재생] 버튼을 누르면 맵 변경과정을 처음부터 끝까지 보여준다. 왼쪽의 [속도] 슬라이드

바를 조정하면 재생 속도를 변경할 수 있다. 오른쪽의 [주제 강조(Highlight Topics)]를 켜면 해당 시점에서 변경이 일어난 주제가 잘 보이도록 색깔이 강조되어 보인다. 만약 특정 시점으로 맵을 되돌리고 싶으면 원하는 시점에서 [일시정지]한 후 [되돌리기]를 클릭하면 된다. 이때 해당 버전의 새 맵으로 저장할 것인지, 또는 현재 맵을 그 시점으로 되돌릴 것인지 묻는 대화상자가 나타나는데, 만약 후자를 선택하면 현재 시점 이후의 모든 변경사항이 사라지고 되돌릴 수 없으므로 주의해야 한다(되돌리기 기능은 유료 버전에서만 가능함). 또한 공동작업 모드인 경우에는 공동작업자들이 모두 맵에서 빠져나간 상태에서만 되돌리기가 가능하다는 점도 기억하자.

2.3.5 프레젠테이션 모드

마인드마이스터의 마인드맵의 또 다른 좋은 점은 마인드맵을 간단하게 멋진 프레젠테이션으로 바꿀 수 있다는 것이다. 프레젠테이션 모드를 열기위해 맵 편집기 하단 바 왼쪽에 있는 프레젠테이션 아이콘을 클릭한다. 마인드맵으로 슬라이드를 만드는 몇 가지 방법이 있는데, 첫 번째 방법은 [+] 버튼을 눌러 중심 주제를 슬라이드로 만든 후 해당 슬라이드 박스를 마우스로 원하는 위치에 드래그하는 것이다. 두 번째 방법은 [프레젠테이션 자동생성] 버튼을 눌러 자동으로 슬라이드 쇼를 만드는 것이다. 수정이 필요하긴 하지만 간단한 마인드맵이라면 한번의 클릭으로 멋진 프레젠테이션이 완성할 수 있다. 마지막 방법은 [Ctrl] 키를 누른 상태로 원하는 영역을 마우스로 드래그하여 새로운 슬라이드를 만드는 방법이다. 슬라이드를 하나 만들고 나면 위치를 옮기거나 영역을 조절할 수 있는데, 이때 포함하는 주제의 크기에 맞춰 슬라이드 크기가 자동으로 조절된다. 각각의 슬라이드는 별도로 화면이동 효과를 설정할 수 있는데, 효과의 종류는 빠른 확대, 천

천히 확대, (상하좌우)이동, 흐릿하게 4종류이고, 그중 (상하좌우)이동이 기본값이다.

프레젠테이션 모드

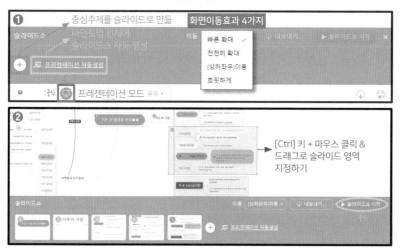

프레젠테이션이 준비되면 [슬라이드쇼 시작] 버튼을 눌러 쇼를 시작한다. 슬라이드쇼는 전체화면 모드로 시작되고, 만약 공동작업 모드에 있으면 공동작업자에게 프레젠테이션을 방송할 것인지 물어보는 대화상자가 열린다. 키보드의 화살표를 누르거나 맵 하단의 슬라이드를 클릭하여 프레젠테이션 페이지를 이동할 수 있다. 또한 프레젠테이션을 아이폰이나 아이패드, 안드로이드 기기에서도 표시할 수 있으므로 언제 어디서나 마인드맵을 프레젠테이션할 수 있다.

> **활용 Tip**
>
> • 유료 버전에서는 프레젠테이션 슬라이드를 이미지로 [내보내기]할 수 있다.
>
> • 전체 프레젠테이션을 웹사이트나 블로그에 삽입할 수도 있다. 방법은, [공유]-[공유 설정]에서 맵의 삽입 코드를 복사하여 블로그나 웹사이트의 글 편집기에 붙여 넣기하면 된다.

이처럼 마인드마이스터를 활용하면 수업 중 토론 활동, 그룹별 프로젝트 활동, 개인별 에세이 계획서 작성 등 자료를 시각화하여 함께 공유하는 모든 활동에 마인드맵을 이용할 수 있다. 또한 교사가 마인드맵을 이용해서 단원 내용을 요약한 후 프레젠테이션 기능을 이용해 간단하게 정리하는 방법도 좋다. 거꾸로, 학생들이 마인드맵으로 내용 정리를 하거나 학습일지 맵을 작성한 후 그 맵을 교사에게 공유하는 것도 시도해 볼 만하다.

마인드맵을 활용한 활동 예시

구문을 이용한 문장 영작하기 복습 활동
: 차시가 끝날 때마다 모든 학생들이 영작한 문장을 마인드맵에 입력하게 해서 함께 공유함, 댓글로 피드백 가능

영어 팝송 소개하기 활동
: 자신이 좋아하는 팝송의 동영상을 넣어 소개하고, 가사에 나오는 어휘를 정리하여 공유함

3. 패들렛: 담벼락에 쓰는 생각

> - 필요한 계정: 모든 계정 사용 가능(Google, MS, Apple 등)
> - 접근 방법: 패들렛 홈페이지(www.padlet.com)

3.1 무엇을 할 수 있나요?

패들렛(Padlet)은 공동 프로젝트나 수행평가를 하나의 보드, 문서, 웹 페이지로 만들 수 있는 협업 도구이다. 사용법은 자신의 의견을 메모지에 적어 칠판에 붙이는 것처럼 쉽지만 그림, 동영상뿐 아니라 자신이 제작한 파일을 업로드할 수 있다는 장점이 있다. 교사가 수업을 위해 만든 패들렛 페이지 링크를 제공하면 학생들은 별도의 회원가입 없이 접속하여 작성하고 수정할 수 있다. 웹과 앱의 활용이 동일하여 학생들은 PC나 스마트 기기에서 쉽게 사용할 수 있다.

3.2 시작해볼까요?

수업을 위해 패들렛 페이지를 만들기 위해서는 가입하여 멤버십을 선택해야 한다. 무료 버전의 경우 3개의 패들렛만 사용할 수 있으므로 그 이상의 새로운 작업을 하고자 할 경우 이전에 만든 패들렛을 삭제해야 한다. 삭제한 패들렛은 복원할 수 없어 PDF나 그림 파일 등으로 저장하여 보관해야 한다(계정을 여러 개 소유한다면 충분히 여러 개의 패들렛을 동시에 작업할 수 있다). 학생이 주도적으로 패들렛 페이지를 만들고자 할 때에도 이와 마찬가지로 가입한 후 사용한다.

패들렛 멤버십 선택

[무료 버전]

- 패들렛 3개 사용
- 파일 용량 10MB 제한

[유료 버전]

- 무제한 패들렛
- 대용량 업로드 가능(250MB)
- 폴더 기능 제공
- 보관된 패들렛 복원 가능

3.3 자세히 알아볼까요?

3.3.1 패들렛 서식

[+ PADLET 만들기]를 클릭하면 서식을 고를 수 있다. 수업 주제나 작업의 종류에 따라 적절한 것을 선택하여 사용하면 된다. 선택한 서식은 이후에 변경할 수 있지만, 변경 전에 있었던 게시물의 위치가 변경될 수 있다.

패들렛 만들기

패들렛 서식은 여러 종류가 있는데, 각 서식에 대한 설명은 다음과 같다.

- **담벼락, 그리드**: 패들렛의 가장 대표적인 서식이다. 담벼락은 벽돌을 쌓듯이 차곡차곡 게시된다(게시물 내용의 양에 따라 길이가 달라짐). 그리드는 게시물의 상단에 맞춰 정렬되어 배치된다(게시물 길이 차이로 인한 공간 발생).

- **캔버스**: 자유롭게 게시물을 옮길 수 있으며, 게시물끼리 그룹화하여 제시할 수 있다. 게시물에서 마우스 오른쪽 클릭을 하면 게시물 연결 또는 연결 끊기가 가능하다.

- **스트림, 백채널**: 일렬로 흐르는 배치이다. 스트림의 경우 게시물의 순서를 변경할 수 있다. 백채널은 게시물이 채팅창처럼 아랫부분에 자동으로 게시되며 순서 변경은 불가능하다.

- **셸프**: 선반 형식으로 여러 개의 주제를 정하여 칼럼을 먼저 만든 후 그 아래 게시물을 작성한다. 주제별 구성이 필요한 학습 또는 주제를 학급으로 설정하여 전 학생의 게시물을 올릴 수 있다.

- **지도**: 세계지도가 제공되어, 지도상 한 지점에 핀을 고정하여 게시물을 작성할 수 있다. 지리와 역사 등 지역의 위치를 확인해야 할 경우 유용하다.

- **타임라인**: 시간의 흐름 또는 순서를 확인해야 할 경우 사용된다.

각종 서식

타임라인

셸프

캔버스

3.3.2 패들렛 설정

패들렛을 공유하기 전에 몇 가지 설정해야 할 것들이 있다. 먼저 오른쪽 상단의 [⚙] 버튼을 클릭하여 패들렛의 형식을 만들어야 한다. 제목, 설명을 작성할 수 있고, 해당 패들렛으로 연결되는 고유 링크를 복사할 수 있다. 제공되는 링크가 길 경우 원하는 주소로 변경할 수 있다. 또한 비주얼 설정과 배경 설정이 가능하며, 각 게시물에 댓글과 반응(등급, 별점, 공감, 좋아요)을 달 수 있도록 설정할 수 있다.

패들렛 수정

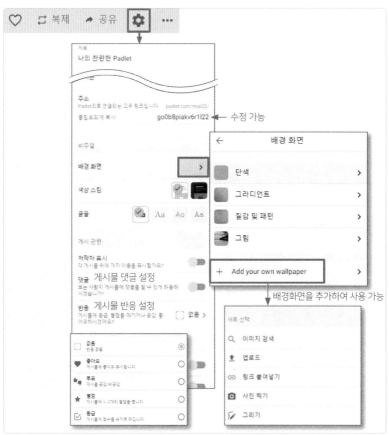

다음으로, 공유 설정을 해야 한다. 용도에 맞게 [프라이버시 변경]과 [방문자 권한]을 설정해야 한다. 그리고 여러 방법으로 공유할 수 있다. 여기까지의 설정이 완료되면 학생들이 회원가입 절차 없이 공유된 링크로 접속하여 작업할 수 있다.

패들렛 공유

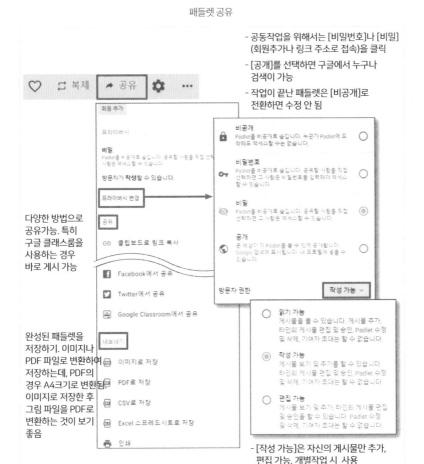

- 공동작업을 위해서는 [비밀번호]나 [비밀]
  (회원추가나 링크 주소로 접속)을 클릭
- [공개]를 선택하면 구글에서 누구나
  검색이 가능
- 작업이 끝난 패들렛은 [비공개]로
  전환하면 수정 안 됨

다양한 방법으로
공유가능. 특히
구글 클래스룸을
사용하는 경우
바로 게시 가능

완성된 패들렛을
저장하기. 이미지나
PDF 파일로 변환하여
저장하는데, PDF의
경우 A4크기로 변환됨.
이미지로 저장한 후
그림 파일을 PDF로
변환하는 것이 보기
좋음

- [작성 가능]은 자신의 게시물만 추가,
  편집 가능, 개별작업 시 사용
- [편집 가능]은 자신과 타인의 게시물
  편집 가능, 협업 시 사용

3.3.3 게시물 작성

게시물을 생성할 때는 빈 화면을 더블클릭하거나 화면 오른쪽 하단 [+] 버튼을 클릭하면 된다. 게시물의 제목과 내용을 작성할 수 있다. 하나의 게시물에는 '업로드, 링크, 구글링, 스냅, 필름, 음성, 화면, 그리기, 장소와 다른 패들렛 연결' 중 1가지를 삽입할 수 있다. 수많은 게시물 중 학생이나 단어를 검색해야 할 경우 [Ctrl]+[F] 키를 눌러 검색한다.

게시물 생성

- 업로드, 링크, 구글: 사진, 동영상, 파일 등을 각각의 방법으로 게시

- 스냅: 카메라를 이용해 직접 사진 촬영하여 게시(예: 과제로 내준 포트폴리오 찍어 올리기)

- 필름, 음성: 비디오 촬영(5분), 오디오 녹음(15분)하여 게시 (예: 말하기, 읽기, 설명 등의 활동 올리기)

- 화면: 화면을 녹화(5분)하여 올리기(구글 확장프로그램 '패들렛 미니'를 설치해야 함)

- 그리기: 캔버스에 직접 그리기

- 장소: 구글 맵스를 사용하여 지도 게시(예: 세계여행, 지리, 역사와 관련된 수업 활용하기)

- 패들렛: 다른 패들렛 연결하기

참고

패들렛 미니(Padlet Mini)

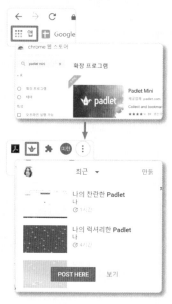

패들렛 미니

크롬 확장 프로그램으로 게시물의 화면 녹화 기능을 지원하고, 크롬에서 바로 패들렛에 접속할 수 있는 프로그램이다. 사용하려면 설치가 필요한데, 크롬 브라우저 왼쪽 상단에 [구글 앱스]를 클릭하고 [웹 스토어]에서 'Padlet Mini'를 검색하여 [add to Chrome]을 클릭한다. 그러면 오른쪽 상단 확장 프로그램으로 패들렛 미니가 설치된 것을 확인할 수 있다([■] 확장 프로그램을 클릭하면 앱 고정 가능).

패들렛 미니로 바로 패들렛을 만들 수도 있고, 이미 만들어진 패들렛에 바로 접속하는 것도 가능하다. 크롬에서 자료를 검색한 후 패들렛 미니를 클릭하여 원하는 패들렛에 마우스 커서를 올리면 [POST HERE]을 통해 바로 게시물로 올릴 수 있다. 단, 크롬 계정과 패들렛 계정이 동일해야 한다.

잼보드, 화이트보드: 담벼락에 쓰는 생각

4. 잼보드

- 필요한 계정: 구글 계정
- 접근 방법: 구글 잼보드 웹 페이지(jamboard.google.com)

4.1 무엇을 할 수 있나요?

잼보드(Jamboard)는 구글이 만든 공동 협업을 위한 클라우드 기반 화이트보드이다. 필기, 사진 등을 보여주는 전자칠판의 도구로 사용할 수도 있고, 다수의 사용자가 하나의 잼에 접속하여 공동 작업을 할 수도 있다. 자신의 의견을 나타내거나 하나의 주제에 대한 정보를 제공할 수도 있으며, 프레임을 설정해 모둠별로 작업하게 하는 등 학습 주제에 따라 좋은 도구로 사용될 수 있다.

4.2 시작해볼까요?

구글 웹 페이지에서 오른쪽 상단에 있는 [⊞] 버튼(구글 앱)을 클릭하면 잼보드 앱을 찾을 수 있다. 모바일 기기에서 사용할 경우 잼보드 앱을 설치해야 한다.

잼보드 앱

4.3 자세히 알아볼까요?

참고

구글 [공유] 설정

구글에서 제공하는 앱(문서, 프레젠테이션, 스프레드시트, 사이트 도구, 잼보드 등)으로 협업하기 위해서는 [공유] 설정을 해야 한다. [공유] 설정하는 방법은 두 가지이다. '사용자 및 그룹 추가를 통한 공유'와 '사용자 권한 설정을 통한 링크 공유'가 있다. 공유가 필요한 범위와 사용자의 권한을 설정한 후 제공하면 링크 주소로 접속하여 자유로운 작성 및 편집이 가능하다.

구글 [공유] 설정

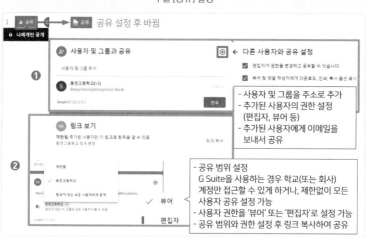

잼보드 앱을 연 후 오른쪽 하단 [+]를 클릭하여 작업을 위한 잼을 열 수 있다. 하나의 잼에는 여러 개의 프레임을 앞, 뒤로 추가할 수 있으며, 각 프레임에 배경을 설정할 수 있다. 펜 색과 모양을 변경할 수 있고, 스티커 메모를 작성하거나 이미지를 업로드하거나 구글링하여 추가할 수 있다(모바일 기기에서는 직접 사진을 찍어 올릴 수도 있다). 텍스트 상자를 통해 글을 쓸 수 있으며 수업 중 설명이 필요할 때는 레이저를 사용하면 된다. [(개체 선택)]을 선택하면 작성된 개체를 묶어 회전, 이동, 수정, 복제, 삭제 등이 가능하다.

잼보드 도구 모음

프레임 추가, 삭제

- 배경 설정
  (프레임별 배경 설정 가능)
- 프레임 전체 지우기

펜 색, 모양 변경

지우개

개체 선택(회전,이동,수정,복제,삭제 등)

스티커 메모

파일 선택(업로드, 구글 이미지 검색,
구글 드라이브, 사진 파일)

도형 그리기

텍스트 상자

레이저 포인트

작성된 잼은 PDF나 이미지로 저장할 수 있다. PDF의 경우 프레임별로 저장되며, 이미지 저장의 경우 화면에 보이는 프레임만 저장할 수 있다.

모바일 기기에서 잼보드 사용 시 특징과 유의점

- 잼보드 앱을 설치해야 한다.

- 카메라 촬영이 가능하다.

- 스티커를 붙일 수 있다.

- [🖱]의 경우 영역으로 묶을 수 있으며, 묶은 영역을 이동, 회전, 삭제할 수 있다
  (PC에서는 개체 단위로 선택).

- 펜 설정에서 [Assistive drawing tools(보조 그리기 도구)]를 통해 손글씨를 문자로 변환하거나, 도형을 자동 전환할 수 있다(태블릿 앱의 경우 고양이, 자전거와 같이 단순한 이미지를 자동 그리기로 포맷할 수 있음).

- 한글이 지원되지 않는다. 한글을 입력할 경우 '?'로 표시된다(단, 다른 도구에 작성한 한글을 이미지로 변환하여 업로드할 수 있음).

잼보드를 이용한 모둠 학습

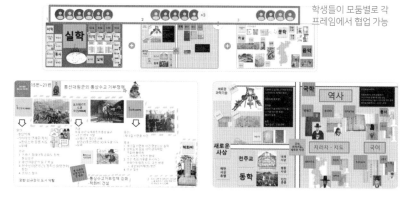

학생들이 모둠별로 각
프레임에서 협업 가능

5. 화이트보드

- 필요한 계정: MS 계정 연동
- 접근 방법:
  ① PC-[■ 시작]-[Microsoft Store]에서 'Microsoft Whiteboard' 앱 설치
  ② iOS장치-앱 스토어에서 'Microsoft Whiteboard' 앱 설치
  ③ 웹용-[■ Office]의 [■ 모든 앱]에서 검색
  ④ MS 화이트보드 웹 사이트(whiteboard.microsoft.com)로 직접 접속

5.1 무엇을 할 수 있나요?

화이트보드는 MS에서 제공하는 사용자, 콘텐츠 및 아이디어가 함께 어우
러지는 자유 형식의 디지털 캔버스이다. 팀 구성원과 함께 공유하여 다양
한 작업이 가능하다. 브레인스토밍, 프로젝트, 문제 해결 등 서로의 생각을
확장하는 공간으로 활용할 수 있는 도구이다.

5.2 시작해볼까요?

디바이스에 적합한 앱을 설치한 후 MS 계정으로 로그인한다. 웹용 화이트
보드의 경우 지원되는 기능이 앱보다 단순하기 때문에 PC에서는 앱을 설
치하는 것이 더 효과적으로 사용할 수 있다.

> **웹용 화이트보드 기능**

- 보드 만들기 및 참여
- 스티커 메모 추가 및 편집
- 개체 추가 및 편집
- 잉크 추가 및 지우기
- 여러 개체 선택하고 이동
- 기본 클라이언트에 추가한 이미지 보기

> **Microsoft 365에서 화이트보드 사용하기**

o365 관리자가 [Microsoft 365 관리 센터]-[화이트보드 검색]-[화이트보드]
클릭-[화이트보드 패널]에서 전체 조직에 대한 화이트보드 켜기 또는 끄기
전환을 설정해 주어야 테넌트에 속한 사용자가 사용할 수 있다.

5.3 자세히 알아볼까요?

다른 사람을 초대할 수 있고, 공유링크를 만들거나, MS 팀즈에 게시 또는
OneNote로 보내서 작업하는 것도 가능하다. 초대한 사용자에게 편집 또는
읽기 전용 권한을 할당할 수 있다.

공유하기

화이트보드 설정과 도구

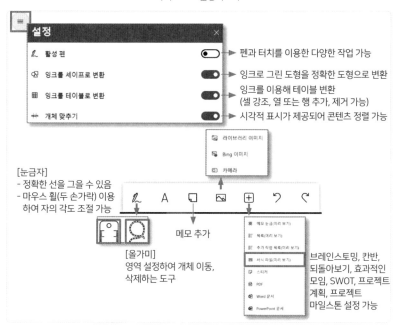

화이트보드는 다른 전자칠판과 비슷한 기능을 갖고 있지만, 앞선 그림 속 기능처럼 화이트보드만의 장점이 있다. 화이트보드는 MS에서 제공하는 대체 텍스트를 이용할 수 있다. 대체 텍스트란 도형, 그림, 차트 표 등 기타 개체에 대한 설명을 입력하면 화면 읽기 프로그램을 사용하여 화이트보드에 있는 대체 텍스트가 음성으로 제공되는 것이다. 이 기능은 시각자료를 볼 수 없는 학생들에게 무척 유용하다.

웹·모바일용 화이트보드 앱 & PC용 화이트보드 앱

웹용 화이트보드 및 iOS용 화이트보드 앱

PC용 화이트보드 앱

6. 페어덱: 너의 선택을 말해줘

- 필요한 계정: 구글 계정 또는 MS 계정
- 접근 방법:
  ① 페어덱 웹 사이트(www.peardeck.com) 직접 접속
  ② 구글 슬라이드에서 만들기(페어덱 애드온 설치)
  ③ 파워포인트에서 만들기(페어덱 애드인 설치)
  ④ MS 팀즈에서 앱 추가하여 사용하기
- 유료 버전: 학생 응답 유형 중 몇 가지(그리기, 드래그하기)와 학생들의 응답 데이터를 활용하는 교사 대시보드는 유료 버전만 가능하다. 현재 교사 1인이 1년간 사용하는 비용은 $149.99이다.

6.1 무엇을 할 수 있나요?

"프레젠테이션을 대화로 바꾼다(transform presentations into classroom conversations)." 이것은 페어덱(Pear Deck)의 가장 간단한 설명이다. 일방적인 지식 전달이나 일차원적인 교사의 설명에서 '학생들이 직접 참여하는 활동'으로 바뀐다는 것이다. 평소에 만들던 파워포인트나 구글 슬라이드에 학생들이 접속하여 응답(글이나 숫자 적기, 답 고르기, 그리기, 아이콘 드래그하기 등)할 수 있다. 수업 활동의 예로는 배경지식 활성화(주제에 대해 알고 있는 것 적기), 퀴즈(선택형, 참/거짓)로 지식 습득 확인하기, 마인드맵/콘셉트 맵 그리기, 배운 내용 요약해서 적기, 동영상 시청 후 이어지는 내용 적기, 지도 등 이미지에 이름 붙이기, 그래프 그리기 등이다.

페어덱 사용 예

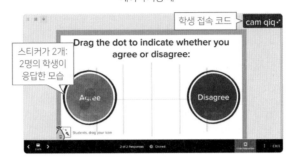

앞 그림은 학생들의 찬반을 물어보는 화면이다. 학생들은 자신의 디지털 기기에서 오른쪽 상단에 있는 코드를 이용해 교사가 보여주는 화면에 접속한다. 그런 다음 자신의 기기에서 생각을 표현한다. 학생들의 응답을 다받으면 교사는 수집된 응답을 전체 학생들이 함께 볼 수 있게 설정할 수 있다. 앞 그림은 2명이 'Agree(동의)'를 선택한 장면이다. 이때 누가 어떤 응답을 했는지 학생들은 알지 못한다. 학생들이 익명으로 의견을 제시한다는 점은 멘티미터와 유사하다. 그런데, 멘티미터와 달리 교사의 대시보드(Dashboard)에서는 누가 어떤 응답을 했는지 확인할 수 있다. 다음 그림처럼 학생의 이름이 보인다. 학생들의 학습 과정과 성장을 점검하고 그에 맞는 피드백을 제공할 수 있는 기능이다.

교사 대시보드(Dashboard)

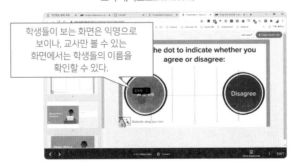

6.2 시작해볼까요?

6.2.1 페어덱 홈페이지에서

페어덱 홈페이지에서 구글 계정이나 마이크로소프트 계정으로 접속할 수 있다.

페어덱 시작하기

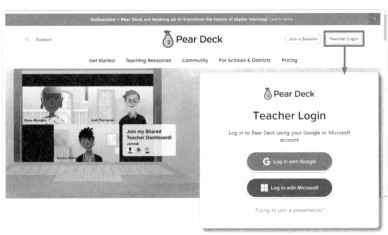

마이크로소프트 계정으로 시작해보았다. 다음 그림과 같이 페어덱 웹 페이지에서 바로 프레젠테이션을 제작하거나 이전에 열어본 페어덱 파일을 확인할 수 있다. 참고로 다음 그림은 브라우저의 자동 번역기능을 이용해 한글로 번역된 것을 스크린숏한 것이다. 영어가 불편할 경우 자동 번역을 활용하면 되는데, 번역이 어색하거나 설명이 충분하지 않은 경우도 있으니 주의하자.

프레젠테이션 시작하기

6.2.2 구글 슬라이드에서

구글 도구를 사용할 때는 구글 슬라이드에서 페어덱 애드온을 설치해야한다. 다음 그림과 같이 구글 슬라이드를 열고 상단에 있는 [Add-ons(애드온)]-[Get add-ons(애드온 가져오기)]를 선택하면 설치할 수 있는 리스트가있는 팝업창이 나타난다. 그중 페어덱(Pear Deck)을 클릭하여 설치한다.

구글 슬라이드에서 애드온 설치하기

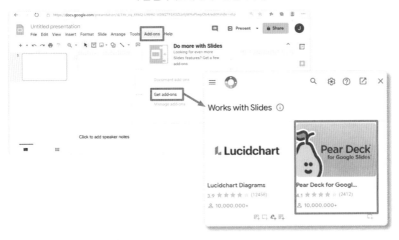

애드온이 설치되면 애드온 메뉴에 페어덱이 보인다. 오른쪽에는 페어덱을 사용할 수 있는 패널이 나타난다. 가운데에 있는 [Ask students a question(학생들에게 질문하기)] 아래에 있는 질문의 유형을 골라 만들면 된다.

구글 슬라이드에서 페어덱 시작하기

6.2.3 파워포인트에서

파워포인트에서는 추가 기능을 [Add-ins]이라고 한다. 설치하는 방법은 다음 그림을 참고하자. 파워포인트의 [삽입(Insert)] 메뉴를 선택하고 가장 오른쪽에 있는 [Add-ins(추가 기능)]를 선택한다. 보이지 않는다면 마지막에 있는 더보기 메뉴([…])를 선택하여 찾아본다. 팝업창이 나타나면 페어덱을 찾아 추가한다. 추가된 페어덱은 다음 그림과 같이 [홈(Home)] 메뉴에서 더보기 메뉴([…])에서 찾아볼 수 있다.

파워포인트에서 페어덱 설치하기

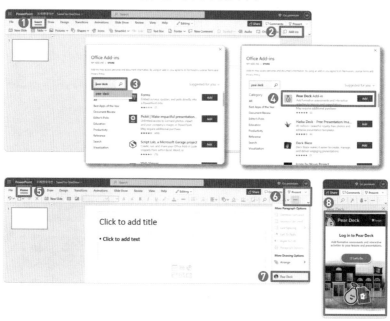

6.2.4 MS 팀즈에서

MS 팀즈에서 페어덱을 사용하면 학생들은 별도의 로그인 없이 사용하고, 교사는 학생들의 학습 기록을 팀즈에서 관리하면 된다. 팀즈의 상단에 있

는 메뉴 탭에서 가장 오른쪽에 있는 [+(추가 기능)]을 클릭하고 나타나는 팝
업창에서 [Pear Deck]을 찾아 설치한다.

MS 팀즈에서 페어덱 설치하기

6.3 자세히 알아볼까요?

6.3.1 가능한 질문과 상호작용의 유형

다음 그림은 페어덱에서 선택 가능한 프롬프트(Prompt)[5]의 종류이다. 수업
의 시작, 중간, 끝으로 분류했으나, 자신의 수업상황과 목적에 맞추어 골라
사용하면 된다. 이외에도 다른 웹 사이트를 삽입(embed)하거나 동영상 자
료를 끌어와 활용할 수도 있다.

---

5   프롬프트(Prompt)는 질문이나 힌트를 주어 말을 하도록 유도한다는 뜻의 영어 단어이다. 연극 등의 공
    연에서 배우에게 대사나 동작을 일러주되, 관객이 보지 못하는 곳에서 하는 것을 가리키기도 한다. 교
    육에서는 학생들이 반응을 하도록 유도하는 교사의 자극을 말한다. 페어덱에서의 프롬프트는 '교사의
    질문'이라고 이해하면 쉽겠다.

페어덱 프롬프트(Prompt)의 유형

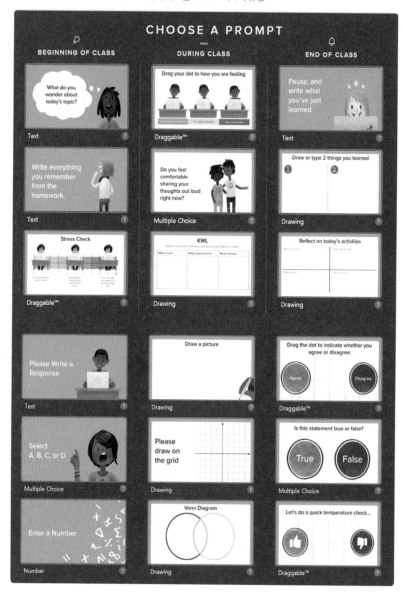

주어진 프롬프트 중 하나를 골라 슬라이드를 추가하고 질문을 수정하면 된다. 또는 이미 만들어진 슬라이드에 다음 그림과 같은 질문 유형을 추가한다. 학생들이 글을 쓰거나([Text]), 답을 선택하거나([Choice]), 숫자로 답을하거나([Number]), 그림을 그리거나([Draw]), 교사가 슬라이드에서 제공한스티커 등을 움직여([Draggable]) 생각을 표현하게 한다.

페어덱 상호작용의 유형

ASK STUDENTS A QUESTION

abc	Choice	123	www
Text	Choice	Number	Website
Draw	Draggable™		

6.3.2 수업 시작하기

[Start Lesson(수업 시작)] 버튼을 클릭하면 수업을 시작할 수 있다.

페어덱에서 수업 시작하기

학생들이 개인의 속도에 맞추어 활동하도록 개별활동(Student-paced Activity)으로 수업을 시작하거나, 교사가 속도를 제어하여 학급 전체가 같은 속도로 진행하는 학급활동(Instructor-paced Activity)으로 수업을 시작할수도 있다. 전자는 학생들의 개인차를 고려한 개별학습이 가능하여 느린학생들의 경우 불안감이 적어지는 장점이 있다. 후자의 방법을 원격학습

시 활용하게 되면 학생들이 서로 다른 공간에 있으면서도 소속감을 느끼게 할 수 있는 장점이 있다.

개별활동/학급활동으로 수업 유형 선택하기

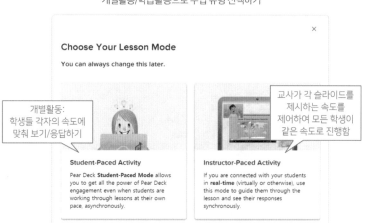

페어덱을 학습관리시스템 등에서 사용하지 않고 별도로 구글 슬라이드나 파워포인트로 학생들이 접속하도록 하려면 학생들이 접속할 코드를 안내한다. 다음 그림은 학생들에게 코드를 안내하는 하나의 사례이다. 학생들은 'joinpd.com'으로 접속한 후 주어진 코드 'cam qiq'를 입력하면 페어덱 수업에 입장할 수 있다(다음 그림의 입장 코드는 하나의 사례임).

페어덱 입장 코드

6.3.3 페어덱 화면: 교사, 학생

교사의 페어덱 화면에서 제어 메뉴는 다음 그림과 같다. 그림을 참고하여
학생들의 응답을 함께 보기, 응답 받기를 멈추기, 질문 추가하기 등을 실시
해보자.

페어덱 교사 제어 메뉴

수업이 끝났을 때 오른쪽 하단의 [End]를 클릭하면 세션 이름을 저장하는
팝업창이 나타난다.

세션 이름 저장

Ending Session ×

Enter a name for this Session to quickly find and review these student responses later.

Ex: 'Geometry Period 1'

Publish Student Takeaways

Cancel **End Session Without Naming**

세션 이름은 파일 이름과 구별해야 한다. 파일은 교사가 제작한 페어덱 학습자료이고, 세션은 그 학습자료로 실제 수업을 진행한 것이다. 예를 들어 '2차함수'라는 페어덱 학습자료를 만들었고 이 자료로 5개의 학급에서 수업을 실시했다고 가정하자. 파일 이름은 '2차함수'라고 할 수 있고, 각 반에서 수업을 실시하여 세션이 5개 만들어질 수 있으므로 세션이름은 '2차함수 1반', '2차함수 2반' 등으로 구별하면 된다.

학생들이 보는 페어덱은 다음과 같다. 자신이 접속한 디지털 기기에서 바로 응답하면 된다.

페어덱 학생 화면

전체 학급에 보이는 학생들의 응답은 익명이다. 학생들의 참여도를 높이는 데 이 특성은 중요하다. 불안감을 낮춰 주기 때문이다. 그런데 교사는 어느 학생이 어떤 응답을 했는지 알 필요가 있다. 그 기능은 대시보드를 이용하면 된다. 페어덱 교사 제어 메뉴에서 더보기([…])를 클릭했을 때 교사용 대시보드 보기 메뉴가 있다. 이것을 클릭하면 다음과 같은 데이터를 볼 수 있다.

페어덱 교사 대시보드: 그리드 뷰(Grid View)

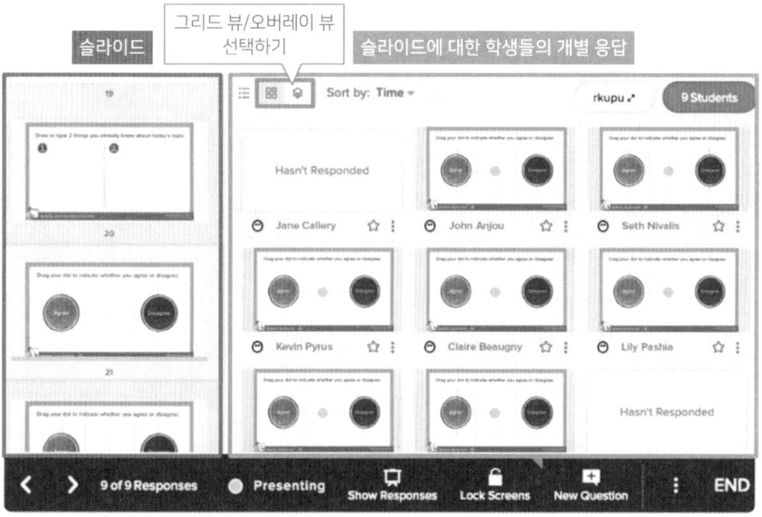

9명의 학생들이 접속한 것을 알 수 있다. 현재 개별 학생의 응답을 따로 볼 수 있는 그리드 뷰(Grid View)[⊞]가 선택된 모습이다. 또는 다음과 같이 한 눈에 전체 응답을 살필 수 있다.

페어덱 교사 대시보드: 오버레이 뷰(Overlay View)

상단의 오버레이 뷰(Overlay View)[🥞]를 선택하면 전체 학생의 응답이 포개어진 형태로 보인다. 앞 그림은 6명의 학생이 틀린 그림 찾기에서 표시한 것을 한눈에 보는 오버레이 뷰이다.

대시보드에 보이는 학생들의 응답 데이터를 확인한 후 수업을 재디자인하거나 학생들에게 적절한 피드백을 제공할 수 있다.

7. 플립그리드: 비말 없는 토론

- 필요한 계정: 구글이나 마이크로소프트 계정 연동
- 접근 방법
  ① 플립그리드 홈페이지(www.flipgrid.com)에 직접 접속
  ② 교사: 구글 클래스룸의 명렬 가져오기, MS 팀즈에서 기능 추가하기
  ③ 학생: 모바일 기기에서 앱 설치하여 참여하기, 크롬 익스텐션 설치하여 참여하기, 팀즈에서 바로 참여하기

7.1 무엇을 할 수 있나요?

플립그리드(Flipgrid)는 학생들이 목소리를 내도록(Empower Your Voice) 돕는 도구이다. 커뮤니티(학급)를 만들어 그 커뮤니티 내에서 동영상을 찍고, 편집하고, 공유하며, 피드백을 교환할 수 있는 플랫폼이다. 교사의 평가도 가능하다.

7.1.1 교실 수업 상황

학생들이 교탁 앞에 나와서 하던 개별 또는 모둠 발표를 각자의 위치에서 플립그리드를 이용해 녹화하여 실시간 공유할 수 있다. 예전의 방식대로 할 때 순서대로 발표하느라 시간이 오래 걸렸다면, 플립그리드를 이용하면 개별 디지털 기기에서 동시다발적으로 발표 녹화를 할 수 있어서 짧은 시간 안에 끝난다. 교사가 플립그리드에 공유된 영상을 교실 프로젝터에 띄워 함께 보며 수업을 진행하거나, 학생들이 개별적으로 볼 수도 있다.

7.1.2 온라인 학습 상황

직접 만나지 못하더라도 플립그리드 영상을 통해 학급 친구들 및 선생님과 대화할 수도 있다. 플립그리드 영상을 본 후 영상, 오디오, 텍스트 등으로 반응을 보일 수 있어 상호작용 또한 가능하다. 다양한 필터나 자막을 활용하여 여러 가지 학습활동을 디자인할 수 있다. 예를 들어 '자기소개하기', '소중한 물건 소개하기' 등의 학년 초 활동을 해보자. 다음 그림과 같이 [Effects(효과)] 중 [Pixel(모자이크 효과)]을 선택하여 녹화하면, 내성적인 학생들의 불안감을 낮출 수도 있고, 학생들에게 상상하거나 맞춰보는 재미도 줄 수 있다.

플립그리드 필터 효과 이용하기(모자이크 효과)

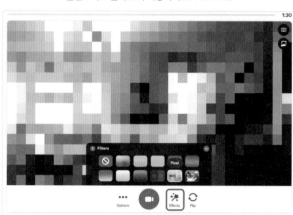

7.2 시작해볼까요?

플립그리드 홈페이지 화면에서 오른쪽 상단의 [Educator Signup(회원가입)]
을 클릭한다. 구글 클래스룸이나 마이크로소프트 팀즈 계정으로 사용할 수
있다.

플립그리드 시작하기

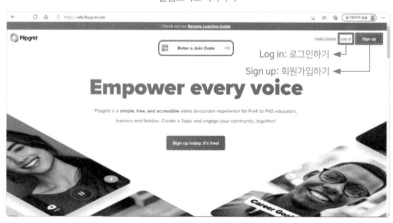

플립그리드에서 그룹(Group)은 학급으로 이해하면 된다. 다음 그림을 보면 'Groups(29)'라고 기재되어 있는데, 이는 29개의 학급이 구성되어 있음을 의미한다. 새 그룹을 만들기 위해서 오른쪽에 있는 [Create a Group(그룹 생성)]을 클릭하면 된다. 각 학급에서 여러 주제의 방을 만들 수 있다. 주제를 만들기 위해서는 그룹으로 들어가 오른쪽에 있는 [Add a Topic(주제 더하기)]을 선택한다.

플립그리드 구성

각 주제에서 교사는 다음과 같은 요소들을 설정할 수 있다. 영상의 길이, 자료, 제출 기간, 평가기준 등을 설정해보자.

플립그리드 설정

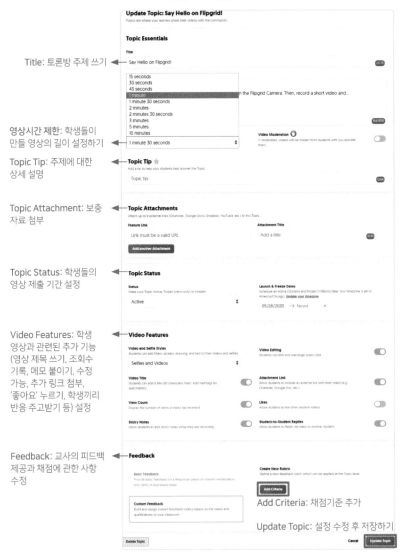

Title: 토론방 주제 쓰기

영상시간 제한: 학생들이
만들 영상의 길이 설정하기

Topic Tip: 주제에 대한
상세 설명

Topic Attachment: 보충
자료 첨부

Topic Status: 학생들의
영상 제출 기간 설정

Video Features: 학생
영상과 관련된 추가 기능
(영상 제목 쓰기, 조회수
기록, 메모 붙이기, 수정
가능, 추가 링크 첨부,
'좋아요' 누르기, 학생끼리
반응 주고받기 등) 설정

Feedback: 교사의 피드백
제공과 채점에 관한 사항
수정

Add Criteria: 채점기준 추가

Update Topic: 설정 수정 후 저장하기

학급과 주제를 만들었다면 학생들에게 공유해보자. 해당 주제에 접속하는
코드는 다음 그림에서 보듯 왼쪽 아래에 [Join Code] 옆에 작은 글씨로 나타

나 있다. 또는 오른쪽 상단에 있는 [Share(공유)] 버튼을 클릭하면 다양한 플
랫폼에 바로 공유할 수 있도록 안내되어 있다. 또는 접속 링크(Join Link)를
복사([Copy] 클릭)하여 원하는 곳에서 공유할 수 있다. 참고로 이 링크의 마
지막 부분은 Join Code에서 보이는 코드와 같다.

플립그리드 공유 및 수정

학생들이 휴대폰을 이용하여 접속하는 방법은 다음과 같다. 우선 구글 플
레이나 앱스토어에서 '플립그리드'를 설치한다. 앱으로 들어가면 다음 그
림과 같이 교사에게 안내받은 코드를 입력하고 입장한다. 다른 친구들이
이미 공유한 영상은 바둑판처럼 나타난다. 보고 싶은 영상은 해당 썸네일
을 선택하면 된다. 영상을 녹화하기 위해서는 오른쪽 하단에 있는 녹화버
튼을 선택한다. 카메라 기능이 켜지면 녹화할 수 있는데, 이때 [Options]과
[Effects]를 활용하여 다양한 영상을 만들 수 있다.

모바일 기기를 활용한 플립그리드 접속

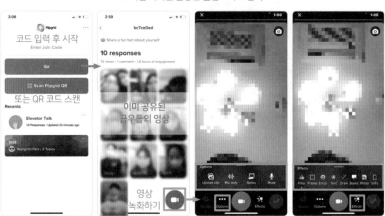

7.3 자세히 알아볼까요?

교사는 학생들이 업로드한 영상을 실시간으로 확인할 수 있다. 다음 그림을 보면 10명이 영상을 업로드했으며 교사가 3명에게 [Feedback(점수 평가)]을 제공한 것을 확인할 수 있다. 10점 만점으로 점수를 매겼으며 현재 채점한 학생들의 점수도 볼 수 있다. 그중 1명에게 [Comments(서술 평가)]를 남겼다는 것도 알 수 있다.

교사 화면

Responses (10)

Print QR Codes   Export Data   Search Responses

Actions ∨	Name	Date	Comments	Feedback				
📌	안병엽	Jul 8, 2020		8/10	Active ∨	Share	Actions ∨	✛
📌	조은혜	Jul 8, 2020		8/10	Active ∨	Share	Actions ∨	✛
📌	오정	Jul 2, 2020	1 Comment	10/10	Active ∨	Share	Actions ∨	✛
📌	Minji H	Jul 1, 2020			Active ∨	Share	Actions ∨	✛
📌	Hyejin J	Jul 1, 2020			Active ∨	Share	Actions ∨	✛

교사가 평가 점수와 피드백을 부여하는 방법을 살펴보자. 앞선 그림에서 보이는 영상 리스트 중 개별 학생의 영상을 선택하면 영상을 볼 수 있고, 그 아래에 4가지 메뉴([Details], [Feedback], [Edit], [Closed Captions])가 보인다. 그 중 [Details]과 [Feedback]을 살펴보자.

평가 점수와 피드백 부여하기

[Details]에서 댓글을 남길 수 있으나 이것은 모든 구성원에게 공개된다 (Public Comment). 따라서 평가 기록은 [Feedback] 탭을 이용하여 남기도록

하자. 학생에게 피드백을 제공하는 방법은 영상([Record Feedback] 선택), 점수 부여([Grading Rubric] 선택), 개인 기록([Priviate Comments] 선택) 등 세 가지이다. 이때 평가 기준(Grading Rubric)은 주제를 설정하는 단계에서 교사가 디자인하는 대로 구성할 수 있다(Custom feedback 설정).

이번 챕터에서는 다양한 방식으로 학생들의 참여를 유도하여 학생들의 자존감을 높이고 학생 주도적 수업을 구성할 수 있는 도구를 안내하였다. 누구나 자기 이야기를 하고 싶어 하며 누군가 귀 기울여주기를 바란다. 오프라인 교실 수업은 한 명의 교사가 많은 학생을 상대해야 하므로 학생 모두의 생각에 교사가 귀 기울이기 힘들다. 디지털 도구를 활용하면 모두의 의견을 모두가 들어볼 수 있다. 소심하거나 자신이 없어 망설이는 아이들을 위해 익명으로 의견을 들어볼 수 있는 멘티미터, 혼자 혹은 함께 확산적 사고와 수렴적 사고력 연습을 하는 마인드맵 도구, 실시간 혹은 비실시간으로 서로의 생각과 의견을 나눌 수 있는 패들렛, 다양한 방식의 질문으로 학생들의 실시간 생각과 학습과정을 볼 수 있는 페어덱, 접촉을 지양하는 이 시대를 위한 토론 도구인 플립그리드를 살펴보았다. 시공간이 같거나 다르거나 학생들이 자신의 의견을 마음껏 이야기할 수 있는 기회를 주는 수업을 디자인해 보자.

블렌디드 수업 디자인

Chapter

12

함께 만드는 세상: 협업하는 수업

함께 만드는 세상:
협업하는 수업

다음 표는 1970년대에 생각했던 필수 기술과 21세기의 필수 기술이 무엇인지를 비교하고 있다. 이는 《포춘》(Fortune, 1930년에 창간된 미국의 종합 경제 잡지)에서 선정한 세계 500대 기업에서 '미래에 필요한 능력'이라고 밝힌 것이다. 40여 년 전의 목록과 현재의 목록에서 비슷한 위치를 차지하는 역량이 많다. 그런데, 현저한 차이를 보이는 부분이 있다. 과거에 비해 전통적 문해력(읽기와 쓰기)과 컴퓨터 능력의 중요도가 낮아졌다. 정확하게 말하자면, 낮아졌다기보다는 보편화되었다고 보는 것이 낫겠다. 이에 반해 타인과의 관계가 필요한 능력(공동작업과 대인관계)과 문제해결 능력이 가장 중요하게 여겨지는 것으로 나타났다. 재택근무가 많아져 서로가 다른 장소에서 업무 처리를 해야 하는 현재, 이런 역량의 중요성이 더욱 부각되고 있다. 협업 능력이 학생들이 미래를 준비할 수 있도록, 학습 경험에 협업(Collaboration)이 필수적으로 포함되어야 하는 첫 번째 이유다.

《포춘》 선정, 500대 기업이 밝힌 미래 역량[1]

	1970년대	21세기
1	쓰기(Writing)	공동 작업(Teamwork)
2	컴퓨터 조작(Compuatation)	문제 해결(Problem Solving)
3	읽기(Reading)	대인관계(Interpersonal)
4	구두 의사소통(Oral Communication)	구두 의사소통(Oral Communication)
5	듣기(Listening)	듣기(Listening)
6	자기계발 (Personal Career Development)	자기 계발 (Personal Career Development)
7	창의적 사고(Creative Thinking)	창의적 사고(Creative Thinking)
8	리더십(Leadership)	리더십(Leadership)
9	목표 설정(Goal Setting/Motivation)	목표 설정(Goal Setting/Motivation)
10	공동 작업(Teamwork)	글쓰기(Writing)
11	조직, 생산, 체계적 정리(Organization)	조직, 생산, 체계적 정리(Organization)
12	문제 해결(Problem Solving)	컴퓨터 활용(Compuatation)
13	대인관계(Interpersonal)	읽기(Reading)

학습 경험에 협업이 포함되어야 하는 두 번째 이유는 협업이 생각보다 쉽지 않기 때문이다. 교사와 학생 모두, 협업 시 일부는 참여하지 않는 비효율성의 문제로 협업을 꺼려 하는 경우가 많다. 같은 이유로 학부모조차 협업을 꺼려 한다는 얘기도 들린다. 교사가 협업을 애써 수업 디자인으로 포함

---

1   Parsi, A., & Darling-Hammond, L. (2015). Performance Assessments: How State Policy Can Advance Assessments for 21st Century Learning [White Paper]. National Association of State Boards of Education.
Cassel, R. N., & Kolstad, R. (1998). Critical job-skill requirements for 21st century: Living and working with people. Journal of instructional psychology, 25(3), 176.

하더라도, 학생들이 과제의 양을 팀의 구성원 수로 나누어 각자 맡은 부분을 따로따로 완성한 다음 그것을 모아 제출하는 장면이 종종 연출된다. 이것은 협업이 아닌 '분업(Division of Labor)'이다. 이런 경우 조화롭지 못한 결과물을 낳게 되고, 문제가 생겼을 때 서로를 탓하게 된다. 협업은 구성원들이 '왜' 그 활동을 하는지 '어떻게' 해야 하는지 토의하는 과정이 필요하다. 그런 다음 '무엇을' 할지를 정하고 각자의 역할을 맡는다. 이와 달리 분업은 과제 완성을 위해 '무엇'들을 각자 나누기만 할 뿐이다. 이렇듯 협업은 수업을 디자인하는 교사나 경험하는 학생이나 실천하기 힘든 활동이다. 이것을 다른 관점에서 보면 연습이 필요한 활동이라고 할 수 있다. 미래에 필요한 역량이므로, 하기 힘들다고 해서 외면할 수만은 없다.

혼자서는 경험하지 못하는 뛰어난 시너지 효과를 협업 과정에서 내기 위해서는 주의할 것이 있다. 반대 의견 받아들이기, 도움 요청하기, 신뢰 쌓기, 구체적으로 설명하기, 피드백 주기 등 의사소통이 원활하게 이루어져야 한다(Le, Janssen, & Wubbels, 2018[2]). 원활한 의사소통을 가능하게 하는 기능들이 디지털 학습 도구에 포함되어 있다. 협업이 있는 학습 활동에 디지털 기술이 꼭 필요한 것은 아니지만, 디지털 도구를 잘 활용하면 학생들의 협업 역량을 증폭시킬 수 있는 것이다. 이번 챕터에서는 협업 도구를 소개하니, 자신의 수업 디자인에 적합한 도구를 찾길 바란다.

2　Le, H., Janssen, J., & Wubbels, T. (2018). Collaborative learning practices: teacher and student perceived obstacles to effective student collaboration. Cambridge Journal of Education, 48(1), 103-122.

1. 구글 문서: 함께 쓰는 글

- 필요한 계정: 구글 계정(G Suite for Education[3] 계정도 가능)
- 접근 방법: 구글 문서 웹 사이트(docs.google.com)

클라우드 기반 온라인 도구는 많은 장점이 있지만 그중 가장 큰 장점은 실시간으로 다른 사용자들과 협업이 가능하다는 점이라 생각한다. 이 장점은 수업을 디자인할 때 동료 교사들과 함께 협업할 수 있고, 학생들도 협력학습을 할 수 있다는 점에서 블렌디드 수업 환경에서 더 강점을 보인다. 많은 온라인 클라우드 기반 도구가 있지만 그중 가장 대표적인 도구가 구글 문서이다. 지금부터 구글 문서를 활용한 함께 쓰는 글의 세계로 가보도록 하자.

1.1 무엇을 할 수 있나요?

구글 문서는 글쓰기 지도에 활용하기에 매우 좋은 도구이다. 하나의 문서를 공유하여 여러 사용자가 동시에 작업할 수 있고, 댓글 기능을 통해 의견을 주고받을 수 있다. 교사도 문서에 참여하여 제안이나 직접 수정을 통해

---

3   G Suite for Education의 전신은 2006년에 시작된 Apps for Your Domain(당신의 도메인에 활용할 구글 앱) 서비스이다. 2016년에는 G Suite으로, 2020년에는 Google Workspace로 그 이름이 바뀌었다. G Suite은 더 이상 쓰이지 않을 명칭이지만, 그 발음을 짚어보고 갈 필요가 있다. 이 명칭이 도구의 특징을 잘 나타내기 때문이다. G Suite의 Suite을 'Shoot(슛)'이나 'Suit(수트)' 등으로 잘못 발음하는 경우가 많다. 'Suite'은 호텔에서 여러 개의 방을 하나로 모아 만든 '스위트룸(Suite Room)'이나 음악에서 여러 악곡의 모음을 가리키는 '조곡(Suite)'과 같은 단어이며, 그 발음은 'Sweet(스윗)'과 같다. 업무, 협업, 교육을 위해 필요한 구글의 도구를 모아둔 것이라 이해하면 스위트룸이나 조곡을 가리키는 단어와 같다는 것을 기억하기 쉬울 것이다. 그 의미를 이해한다면 이제 발음 또한 틀릴 이유가 없다. 이 책의 이후 부분에는 Google Workspace로 표기하도록 하겠다.

즉각적인 피드백을 줄 수 있다. 여기에서는 대표적으로 구글 문서를 통한 협업과 피드백에 대해 알아보겠지만, 구글 프레젠테이션, 구글 스프레드시트, MS 파워포인트, 엑셀 등의 도구를 활동 목적에 맞게 활용한다면 더욱 풍성한 협동 학습 기회를 제공할 수 있을 것이다.

1.2 시작해볼까요?

1.2.1 구글 드라이브에서 공유 문서 만들기

구글 드라이브 접속하기

먼저 공유 문서를 만들기 위해서 구글 드라이브로 접속한다.

구글 문서 시작하기

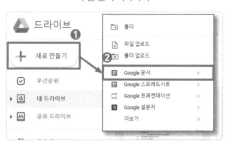

드라이브로 접속한 후, [+ 새로 만들기]-[Google 문서]를 클릭하여 새 문서를 만들거나, 이미 있는 문서를 활용한다.

1.2.2 구글 클래스룸에서 공유 문서 만들기

학습관리시스템(LMS, Learning Management System)으로 구글 클래스룸을 활용한다면 클래스룸에서도 공유 문서를 바로 만들 수 있다.

구글 클래스룸 시작하기

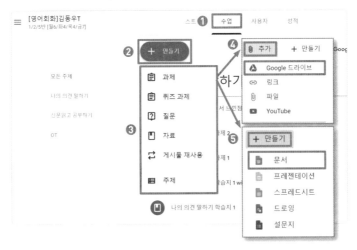

클래스룸의 [수업] 탭에서 [+ 만들기]를 클릭하고 수업 목적에 맞는 도구를 선택한 후 [추가]-[+ 만들기]를 클릭하여 [문서]를 만들 수 있다.

1.2.3 액세스 권한 설정

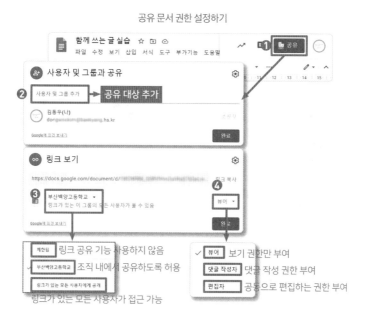

공유 문서 권한 설정하기

공유 문서를 활용할 때 꼭 알아야 하는 것이 액세스(접근) 권한 설정이다. 이 설정에 따라 다른 사용자의 문서 접근 범위를 제한할 수 있다. 공유 설정을 위해 먼저 [공유]버튼을 클릭한다(①). 문서를 공유하는 방법에는 크게 두 가지가 있다. 첫째, 사용자 및 그룹을 직접 입력하여 공유하는 방법이다. [사용자 및 그룹 추가]란에 공동작업자로 추가하고 싶은 사용자나 그룹의 이메일을 입력한다(②). 둘째, 해당 문서에 접근하는 링크를 공유하는 방법이다. ③번 항목을 클릭해 링크에 접속할 수 있는 범위를 제한할 수 있다. [제한됨]은 링크 공유 기능은 사용하지 않고 사용자 및 그룹 추가만으로 공유하는 방법이다. 학교나 조직에서 [Google Workspace] 서비스를 이용한다면 조직 내 사용자만 접속할 수 있도록 설정하여 보안을 향상할 수 있다. [링크가 있는 모든 사용자에게 공개]를 선택하면 공유된 링크만으로 제한이 해당 문서에 접속할 수 있다. 접속 가능 범위를 설정했다면 [뷰어]를 클릭하여 권한을 설정할 수 있다(④). [뷰어], [댓글 작성자], [편집자]의 역할을 공유 목적에 맞게 설정하면 된다.

1.2.4 액세스 만료일 설정

공유 문서 권한 기간 설정하기

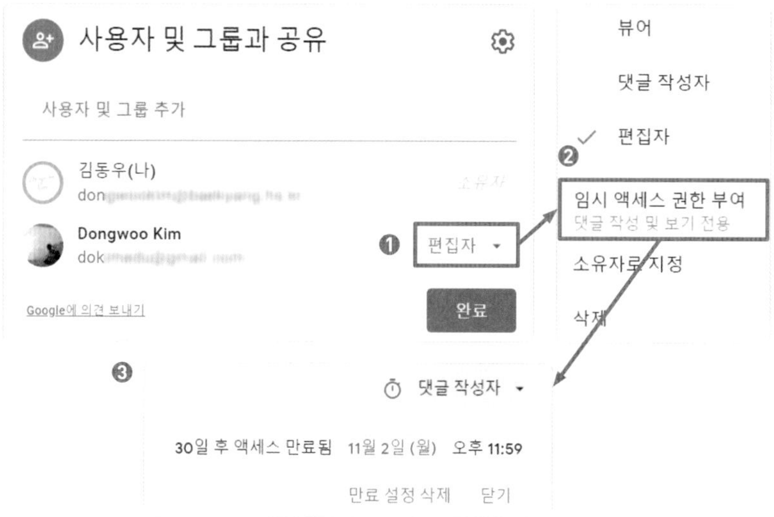

공유했다 하더라도 일정 시간이 지나면 접속할 수 없도록 설정할 필요가 있는 경우가 있다. 기한을 설정해서 그 기간 내에서만 문서에 접속을 허용하는 경우에는 액세스 만료일을 설정하면 된다. 추가된 사용자나 그룹에 부여된 역할을 ①에서 클릭하면 [임시 액세스 권한 부여]라는 항목을 확인할 수 있다. 여기에서 액세스 만료 시점을 설정한다.

1.2.5 나와 공유된 문서 확인

공유 문서 확인하기

다른 사용자가 나와 공유한 문서는 어디서 확인할 수 있을까? 바로 [공유 문서함]에서 확인할 수 있다. 공유 문서함을 매번 확인하는 것이 번거롭다면 [드라이브에 바로가기 추가]를 통해 더 쉽게 공유 문서를 관리할 수 있다.

1.3 자세히 알아볼까요?

1.3.1 알아두면 좋은 기능

구글 문서는 일반 문서 프로그램과는 다른 다양한 기능을 제공한다. 특히 유용한 몇 가지 기능에 대해 알아보도록 하자.

텍스트 추출

이미지 파일과 구글 문서 연결하기

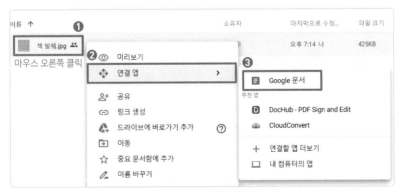

책의 일부분이나 내가 직접 작성한 노트 등을 디지털화하기 위해서는 다시 타이핑해야 하는 수고로움이 있다. 구글 문서에서는 사진, PDF 파일, 손글씨 노트 등에서 텍스트를 인식하여 바로 디지털로 변환해 주는 기능을 제공하고, 인식률 또한 상당히 높아서 활용도가 높다. 앞 그림은 손글씨 노트를 휴대폰 사진으로 찍어 구글 드라이브에 업로드한 상황이다. 해당 그림 파일에서 마우스 오른쪽을 클릭하여 [연결 앱]과 [Google 문서]를 차례로 선택하면 다음 그림처럼 손글씨를 바로 인식한다. 수업 학습지를 만들 때, 손으로 작성한 노트를 오래 간직하고 싶을 때 등 여러 상황에서 유용하게 활용할 수 있다.

손글씨를 텍스트로 인식하기

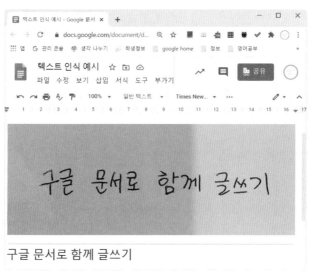

구글 문서로 함께 글쓰기

특정인 태그 달기

문서에서 다른 사람 태그하기

공유 문서에 특정 사람을 태그하여 토론을 이어나갈 수 있다. 방법은 댓글 창을 열어 '@' 뒤에 이메일을 넣으면 된다. 이 토론에 해당 사용자가 추가되고 이메일이 전송된다. 공유 문서를 여러 사용자가 함께 작업할 경우, 특정 사용자와 의견을 나누고자 할 때 사용하면 좋다.

문서 변경 기록 확인

문서 변경 기록 확인 1

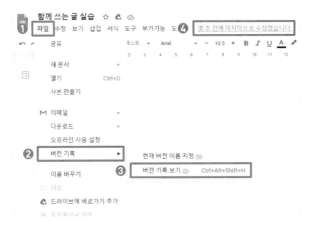

클라우드 시스템의 특성상 모든 변경 내용이 실시간으로 저장된다. 또한 여러 사용자가 동시에 작업할 경우 누가 어떤 수정을 했는지 확인해야 할 때가 있다. 이때, 문서 변경 기록을 확인하면 된다. 세 가지 방법으로 문서 변경 기록을 확인할 수 있다.

1. [파일]-[버전 기록]-[버전 기록 보기] 클릭
2. [Ctrl]+[Alt]+[Shift]+[H] 키를 동시에 누름(단축키)
3. 화면 오른쪽 상단에 있는 '몇 초 전에 마지막으로 수정했습니다.'(④)를 클릭

문서 변경 기록 확인 2

이 세 가지 방법으로 버전 기록을 확인할 수 있다. 누가 작성했는지를 색으로 확인할 수 있어 그룹 활동을 할 때 참여하지 않은 학생이 있는지 확인할 수 있다. 원하는 경우 이전 버전으로 돌아갈 수 있고 이전 버전의 사본을 만들 수 있다.

문서 번역

문서 번역 기능

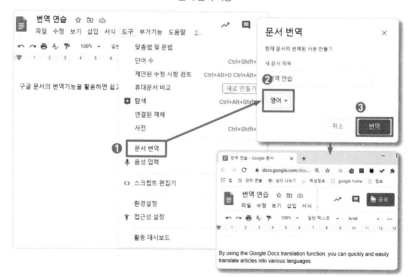

구글 문서 내에서 바로 번역 기능을 활용하면 따로 번역 프로그램을 실행해야 하는 번거로움을 줄일 수 있다. [도구] 탭에서 [문서 번역]을 선택하고 언어를 선택한 후 [번역]을 클릭하면 문서를 번역할 수 있다.

공유 문서 다운로드, 인쇄, 복사 방지

문서 번호 설정

문서를 공유하면 [뷰어]나 [댓글 작성자] 권한을 가진 사용자는 문서를 편집할 수 없다. 그러나 [사본 만들기]나 [다운로드] 기능을 통해 내용을 편집할 수 있다. 다른 사용자가 사본이나 다운로드를 통해 내용을 편집하는 것을 원하지 않는다면 다운로드, 인쇄, 복사 옵션 표시를 제한해야 한다. 방법은 [공유] 항목에서 톱니바퀴 모양의 설정을 클릭하여 [뷰어 및 댓글 작성자에게 다운로드, 인쇄, 복사 옵션 표시] 선택을 해제하면 된다.

수정과 제안

수정과 제안 기능

학생들의 글쓰기 과제에 피드백을 줄 때 [수정]과 [제안] 모드를 적절하게 활용하면 좋다. [수정] 모드는 공유 문서를 바로 수정할 때 사용하는 반면 [제안] 모드는 수정에 대한 선택권을 학생에게 주어서 제안을 수용하거나 거부할 수 있게 한다. 변경 방법은 메뉴 상단 오른쪽에 연필 모양을 클릭하여 [수정], [제안], [보기] 모드를 선택하면 된다.

인용

인용

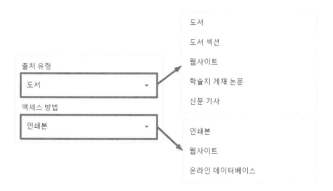

두 저자는 "MS Teams가 소통하고 협업하는 데 필요한 플랫폼" (박영민 & 박소영, 2020)이라고 이야기하면서 온라인 협동학습 상황에서 팀즈의 활용법을 제시한다.

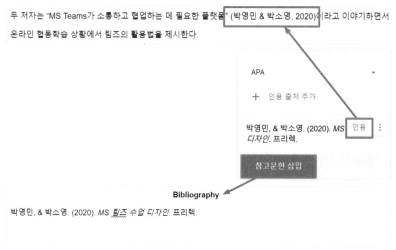

Bibliography

박영민, & 박소영. (2020). *MS 팀즈 수업 디자인*. 프리렉.

수업에서 보고서를 작성하는 과제를 부여했다면, 연구 윤리에 대한 교육을 꼭 해야 한다. 다른 사람의 생각을 인용할 때는 반드시 출처를 밝혀야 한다는 점을 주지시켜야 한다. 그렇지 않으면 표절이 되고, 이는 다른 사람의 아이디어를 무단으로 도용하는 잘못된 행위이다. 이때 유용하게 활용할 수 있는 기능이 [인용] 기능이다. [도구] 탭에서 [인용]을 선택한 후 인용 양식과 출처에 대한 정보를 기입하면 쉽게 인용문과 참고문헌 목록을 만들 수 있다.

1.4 유용한 확장 프로그램

확장 프로그램 추가

구글 문서에서 기본으로 제공하지 않는 추가 기능을 [부가기능] 설치를 통해 이용할 수 있다. 다양한 제작사에서 만든 유용한 프로그램이 많이 있어 구글 문서의 활용도를 높여줄 수 있다. 이번에는 수업 시간에 활용하면 좋을 몇 가지 확장 프로그램을 소개하고자 한다. 설치를 위해서 상단 메뉴 바에서 [부가기능] 탭을 클릭하고 [부가기능 설치하기]로 들어간다. 검색을 통해 원하는 부가기능을 설치하면 된다.

1.4.1 Lucidchart

루시드차트 활용

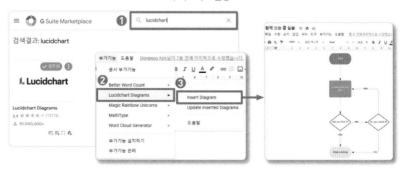

다이어그램을 매우 손쉽게 만들어주는 확장 프로그램이다. 직관적인 인터
페이스를 가지고 있고, 다양한 템플릿을 제공하기 때문에 복잡한 다이어그
램도 쉽게 제작할 수 있다. 구글 문서뿐 아니라 프레젠테이션, 스프레드시
트에서도 활용할 수 있다.

1.4.2 MathType

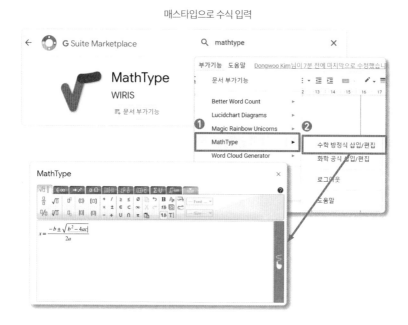

매스타입으로 수식 입력

수학과 화학식을 입력할 수 있게 도와주는 확장 프로그램이다. 수학과 화
학 교사는 꼭 설치해야 할 프로그램이다.

1.4.3 Magic Rainbow Unicorns

다양한 색으로 강조되는 글

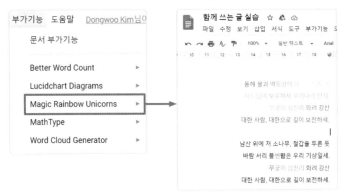

글을 강조할 때, 조금 더 독창적인 방법을 쓰고 싶다면 Magic Rainbow Unicorns를 활용해보자. 알록달록한 무지개 색으로 글에 생기를 불어넣을 수 있을 것이다.

1.4.4 EasyBib

이지빕: 인용 출처 추가하기

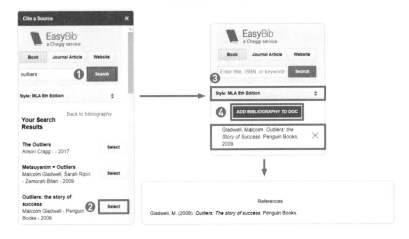

자료 인용을 쉽게 할 수 있게 도와주는 유용한 프로그램이다. 인용하고자 하는 자료의 정보를 일일이 기입할 필요 없이 검색할 수 있고, 쉽게 인용문의 형태로 변환해 준다. 그림에서는 'outliers'라는 도서를 검색하고 해당 도서를 선택([Select])한 후 인용 방법을 고르고(③) [ADD BIBLIOGRAPHY TO DOC(추가)]를 클릭하여 인용하는 과정을 보여준다.

1.5 수업 적용 사례

1.5.1 댓글을 활용한 협업

댓글을 활용한 소통

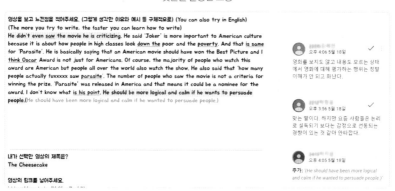

댓글을 활용한 소통은 수업에서 학습자 상호 간 학습을 증진시키는 도구로 활용될 수 있다. 앞 그림에서는 한 학생이 작성한 감상문에 대해서 같은 학급 학생들이 댓글로 자기 생각을 적은 모습이다. 이 과정을 통해 학습자는 다양한 관점에 대해 생각하는 기회를 가질 수 있다.

댓글을 활용한 소통

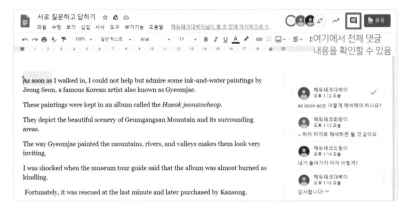

앞 그림에서는 제시된 영어 지문에 대해 한 학생이 질문하고, 다른 학생이 답하는 상황을 예시로 보여준다. 상호적 교수 학습을 통해 배움이 일어나는 활동을 가능하게 해준다.

1.5.2 글쓰기 지도

구글 문서를 활용한 글쓰기 지도

구글 문서를 수업에서 활용할 때 가장 유용한 부분이 글쓰기 지도가 아닐까 싶다. 자기소개서부터, 보고서, 수행평가까지 학습자의 과제에 개별화된 피드백을 제공할 수 있다. 글쓰기 과제에 구글 문서를 활용하길 적극적으로 추천한다.

1.5.3 릴레이 글쓰기

협업 글쓰기

이번 활동은 우리 모두가 함께 만들어가는 글쓰기 입니다. 주어진 문장 다음 부분을 맥락에 맞게 이어서 써봐요!

순서	이름	내용
샘플		10년 전 어느 맑은 날이었어요.
1	드림이	저는 주변 호수로 산책을 나갔어요
2	희망이	산책을 하던 중, 그 전까지는 가보지 않았던 오솔길을 만났어요
3	대박이	나는 잠시 망설였지만 호기심에 그 길을 걸어보기로 했어요

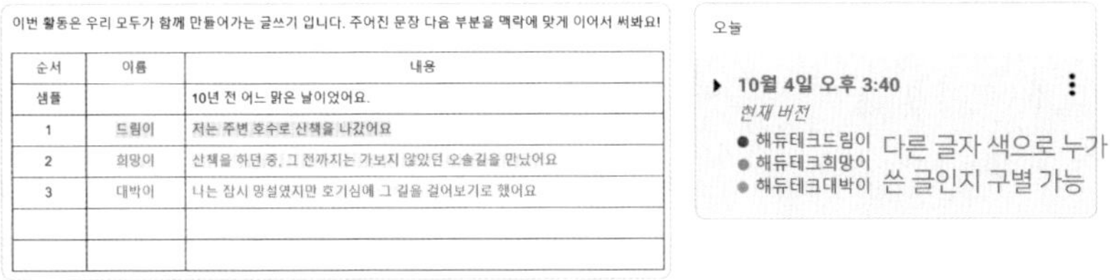

공유 문서의 장점을 이용하면 릴레이 글쓰기와 같은 활동도 쉽게 할 수 있다. 하나의 공유 문서에 글을 쓸 수 있는 공간만 지정해 주고, 순서를 정한다면 앞사람의 글에 이어서 글을 써 내려가는 활동을 쉽게 할 수 있다. 앞서 언급한 [문서 변경 기록 확인] 기능을 활용하면 누가 어떤 글을 썼는지 확인할 수 있다.

1.5.4 구글 프레젠테이션으로 협업하기

구글 프레젠테이션의 공유 기능 또한 수업에서 활용도가 높다. 조별 프레젠테이션을 온라인상에서 협업하여 제작할 수 있다. 코로나로 인해, 비대면의 필요성이 증가하고 있는 만큼 학생들도 조별 프레젠테이션을 제작하기 위해 만나지 않고서도 공유 프레젠테이션을 활용하여 활동할 수 있다. 또한 개인 또는 그룹 당 하나의 슬라이드를 할당하는 공유 프레젠테이션을 만드는 경우도 유용하다. 서로 다른 친구들의 슬라이드를 보면서 생각을 확장할 수 있는 장점이 있다.

1.5.5 구글 스프레드시트로 함께 만드는 단어장

공유 스프레드시트를 활용한 함께 만드는 단어장 활동을 소개하고자 한다. 영어로 된 텍스트나 영상을 보다 보면 중요한 표현을 정리할 필요가 있는데, 학생마다 중요하다고 생각하는 표현이 다르다. 교사가 단어장을 만들어 주는 것이 아니라 학생들이 힘을 합하여 단어장을 스스로 만든다면 더욱 큰 의미가 있고 학습과정에 참여도도 커질 것이다. 공유 스프레드시트를 학생들에게 공개하고, 누구든지 접속하여 모르는 표현을 정리해 나가도록 안내한다.

공유 스프레드시트에서 협업으로 학습자료 만들기

❶ 교사가 학습할 내용 제시

❷ 학생들이 각자가 맡은 부분을 작성 중

❸ 완성된 스프레드시트 영역을 복사

학생들의 표현 정리가 끝나면 교사는 이를 클래스카드에 탑재하여 학생들이 재미있게 학습하도록 제공한다.

협업으로 만든 학습자료로 클래스카드에서 세트 제작하기

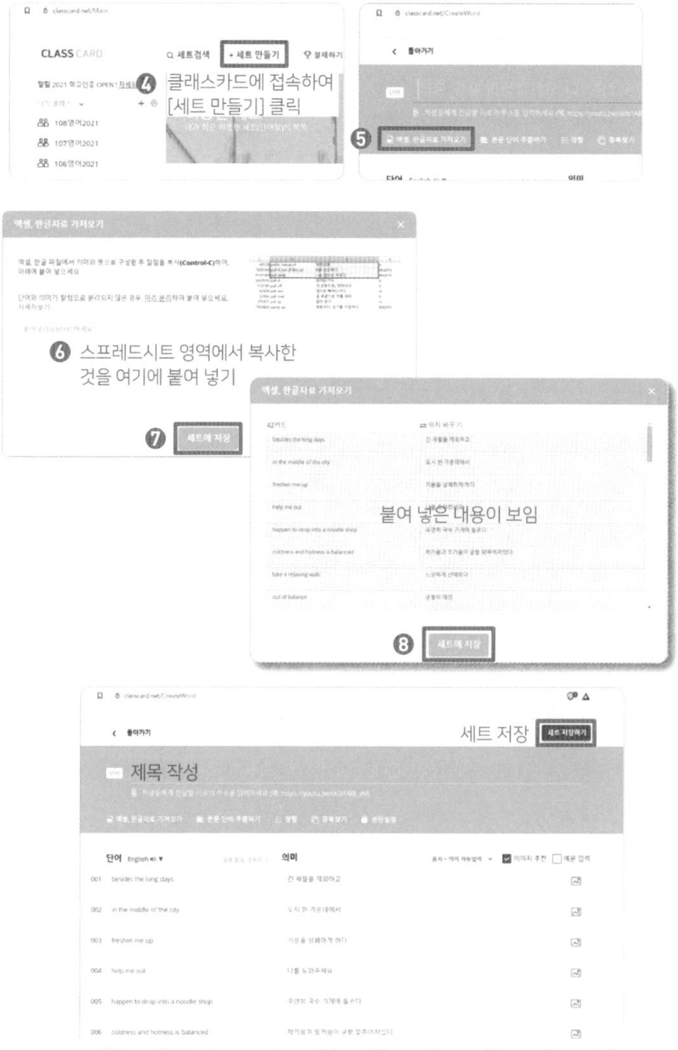

CLASS CARD
+ 세트 만들기
4 클래스카드에 접속하여
[세트 만들기] 클릭
5
6 스프레드시트 영역에서 복사한
것을 여기에 붙여 넣기
7 세트에 저장
붙여 넣은 내용이 보임
8 세트에 저장
세트 저장
제목 작성

2. 스웨이: 함께 만드는 뉴스레터

마이크로소프트 오피스(MS Office)의 스웨이(Sway) 앱으로 뉴스레터나 프레젠테이션을 개인 또는 팀 협업으로 쉽게 작성해본다.

> - 필요한 계정: 마이크로소프트 계정(교육관련기관의 Office365 계정도 가능함)
> - 접속 방법: 스웨이 웹 페이지(sway.office.com)
> - 권장사항: 크롬이나 엣지(Edge) 브라우저 사용

2.1 무엇을 할 수 있나요?

- **모둠 활동 결과 공유:** 모둠 활동의 결과물을 공유하기 위한 갤러리 워크 활동이나 프레젠테이션 발표 자료 작성에 활용할 수 있다.
- **협업 작성:** 문서를 공유하여 모둠 구성원이 협업으로 작성하기에 용이하다. 시나리오를 설계한 후 각자 맡은 부분을 하나의 스웨이 문서 내에 작성한다.
- **마이크로소프트 앱(MS Word, OneNote 등)과의 호환성:** 워드나 원노트에서 작성한 문서를 스웨이로 변환할 수 있다. 따라서 MS 팀즈를 사용하는 경우 원노트 기반의 '수업용 전자 필기장'을 바로 변환하여 발표 시 활용할 수 있다.

2.2 시작해볼까요?

크롬 또는 엣지 브라우저를 실행하여 스웨이 웹 사이트에 접속한다. Office365 포털 사이트로도 접근할 수 있으며(www.office.com), 시도교육청 포털 사이트에서의 접근도 가능하다(예: 부산시교육청의 경우 o365.pen.go.kr).

다음 그림과 같이 스웨이 웹 사이트에 접속하면 [시작하기] 버튼을 클릭하여 마이크로소프트 계정으로 로그인한다.

스웨이 웹 사이트 로그인

만약, Office 포털로 로그인했다면 다음 그림과 같은 화면에서 상단 왼쪽에 있는 메뉴(①)를 클릭하고 [Sway]를 클릭한다.

Office 포털에서 스웨이 찾기

스웨이에 들어가면 다음 그림과 같이 다양한 서식 파일이 있다. 이미 만들어진 서식을 선택하거나(예를 들어, 뉴스레터 서식), [새 빈 Sway]를 선택하여 시작할 수 있다. 익숙하지 않다면 제공되는 서식 파일로 시작하기를 권장한다.

제공되는 서식

2.3 자세히 알아볼까요?

2.3.1 템플릿으로 스웨이 시작하기

뉴스레터 서식으로 시작하는 사례를 중심으로 스웨이의 세부 기능을 살펴
보자. [이 Sway편집 시작]을 클릭하여 시작한다.

뉴스레터 서식(템플릿)으로 시작하기

만약, 모둠 활동으로 협업하여 작성하고자 한다면 팀장은 팀원들이 함께 작성할 수 있도록 문서 주소를 공유한다.

문서 공유(편집 협업)

1. [공유]버튼을 클릭한다.
2. 공유 범위를 [사용자 또는 그룹], [링크를 가진 조직 내 사용자], [링크를 가진 모든 사용자] 중 하나로 선택한다.
3. 접근 권한을 선택한다. [보기] 권한만 줄 것인지 [편집] 권한까지 줄 것인지 선택한다.
4. [편집] 권한이 있는 주소를 복사하여 모둠의 팀원들에게 안내하면 하나의 문서를 협업하여 작성할 수 있다.
5. 접근 권한 선택에 따라 주소가 변경되며 해당되는 주소를 복사 아이콘을 클릭하여 복사한다.

2.3.2 템플릿 제목 편집

다음 그림은 뉴스레터 템플릿의 제목 편집 부분이다. 글자를 입력('코로나 이후 학교는 어떤 모습일까?')한 후 특정 단어('코로나 이후')에 대해 [강조]를 선택하면(①) 해당 글자가 진하게 다른 색으로 표시되며(②) [주목 효과]를 선택하면(③) 이탤릭체가 된다. [링크]를 선택하면(④) 특정 글자에 하이퍼링크를 연결할 수 있다.

템플릿 제목 편집

2.3.3 이미지 및 비디오 삽입

다음 그림은 뉴스레터 템플릿에 이미지를 삽입하는 과정이다. 화면 오른쪽
상단에 있는 [삽입]을 클릭한 후(①), 찾고자 하는 이미지나 비디오의 키워
드('코로나')를 입력한다(②). 원하는 이미지를 선택한 후(③) [추가] 버튼을
클릭하면 콘텐츠 카드가 자동으로 생성된다.

템플릿에 이미지, 비디오 삽입

다음은 생성된 콘텐츠 카드에 텍스트를 입력하는 것이다. 화면 중앙에 위치한 번호 매기기 목록을 선택한 후(①), 내용을 입력하고(②) 이 카드의 중요도를 3가지(⬚ ⬚ ⬚) 중 하나로 선택한다(③).

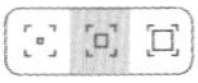

텍스트 카드 추가

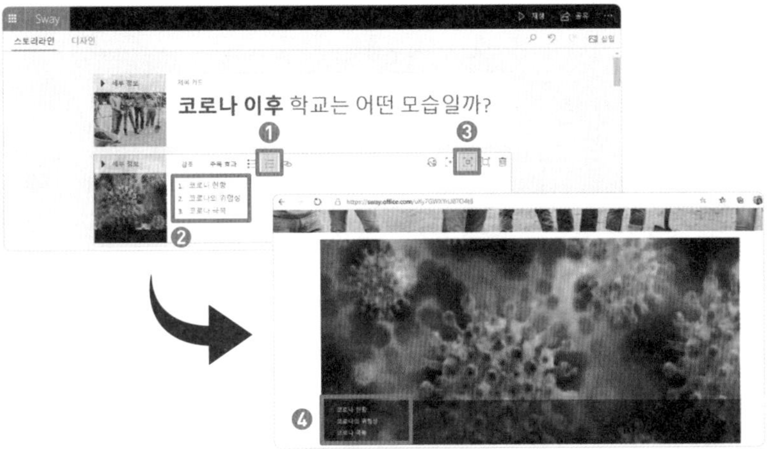

텍스트 카드를 추가한 후, 화면 상단의 [재생]을 클릭하면 앞 그림처럼 나타난다(④). 중요도 3가지(⬚  ⬚ ⬚)는 재생에서 보이는 이미지의 크기와 관련이 있다.

2.3.4 콘텐츠 삽입

슬라이드 삽입을 위해 콘텐츠 삽입 버튼([+])을 클릭하면 다음과 같이 [추천 항목], [텍스트], [미디어], [그룹] 중 하나를 선택할 수 있다.

콘텐츠 삽입

[추천 항목]의 '제목1'에서는 이미지 삽입 및 [강조(진하게)], [주목 효과(이탤릭)], [링크]를 설정할 수 있다.

[추천 항목]의 '제목1' 유형

다음과 같이 이미지를 삽입하고 [강조]와 [주목 효과]를 선택하면 다음과 같이 재생된다.

제목의 [강조]와 [주목 효과]

'제목1' 유형의 재생 화면

[추천 항목]의 '스택(Stack)'은 '쌓는다'는 뜻으로 정보를 쌓아놓고 차례로 제공하는 기능이다. 기본은 쌓듯이 정보를 제공하는 형태(그룹: 스택)이지만(①), [그룹 유형]을 클릭하면(②) [자동], [스택], [그리드], [슬라이드 쇼], [비교]의 유형을 선택할 수 있다.

'스택' 화면과 [그룹 유형]

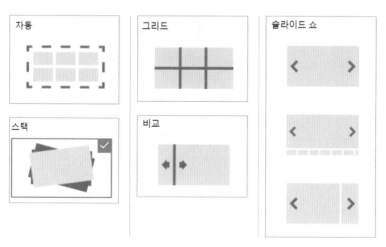

만약, [스택] 유형으로 선택하고 텍스트 카드 3개를 다음과 같이 작성하였
다면,

[스택] 유형의 텍스트 카드 작성 예

◢ 🗐 그룹: 스택
텍스트 카드 **우리나라 현황?**
텍스트 카드 *유럽의 현황?*
강조   주목 효과   ☷ 글머리 기호   ☷ 번호 매기기   🔗 링크   🗑 **미국의 현황**

재생 시 카드 3장이 쌓여서(스택) 나타나고, 클릭 시 다음 카드가 전면에 나
타난다.

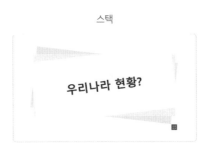

스택

스택에서 카드 추가(➕)를 클릭한 후(①) [업로드]를 통해 파워포인트 파
일을 업로드하면(②) 파워포인트의 각 슬라이드를 타입에 맞게 자동으로
추가한다.

스택에서 파일 업로드 기능

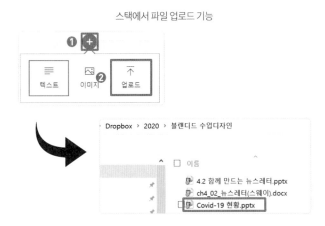

내 컴퓨터에서 업로드하고자 하는 파일(Covid-19현황.pptx)을 선택하여 업로드하면 스웨이의 카드 서식에 맞게 변환하는 동안 다음 그림처럼 잠시 기다려야 한다.

업로드 대기 화면

> 문서 카드: **Covid-19 현황.pptx**
>
> 잠시 기다려 주세요. 파일을 추가하는 중입니다…

변환이 완료되면 파워포인트 슬라이드는 형태에 맞게 '제목 카드', '이미지 카드', '텍스트 카드' 등으로 자동 변환되어 있다.

파워포인트 업로드 파일로 스택이 자동 구성된 예

재생하면 다음과 같이 나타난다.

파워포인트 업로드 파일로 구성된 스택의 재생 예

> **활용 Tip**   스웨이를 수업에 활용한다면?
>
> 1. 모둠을 구성한다(2인 1팀 또는 3인 1팀).
> 2. 교사는 이슈 또는 주제어를 제시하고 모둠별로 하나의 프레젠테이션(뉴스레터, 블로그 등)을 협업하여 작성하도록 한다.
> 3. 교사는 모든 팀의 [편집] 주소를 공유받아 모둠 활동 현황을 파악한다.
> 4. 학생들은 모둠별로 발표하고, 서로 동료평가한다.

3. 구글 사이트: 함께 만드는 웹 페이지

> - 필요한 계정: 구글 계정(Google Workspace 계정도 가능)
> - 접근 방법: 구글 사이트 웹 사이트(sites.google.com)

홈페이지를 제작한다고 하면 매우 어렵게 느껴지는 것이 사실이다. 우리는 뭔가 특별한 도구가 있어야 훌륭한 홈페이지를 만들 수 있다는 선입견을 가지고 있다. 그러나 구글 사이트 도구(Google Sites)를 활용하면 쉽게 효과적인 홈페이지를 제작할 수 있다. 게다가 다른 구글 도구처럼 공동 작업이 가능하다. 또한 무료이다. 학생의 프로젝트 과제를 홈페이지로 만들어 제출한다면 정말 멋지지 않을까? 이번에는 구글 사이트 도구의 활용법에 대해 알아보자.

3.1 무엇을 할 수 있나요?

구글 사이트 도구의 가장 큰 장점은 쉽다는 점이다. 인터페이스가 직관적이고 단순하여 멋진 홈페이지를 손쉽게 만들 수 있다. 그리고 공동작업자 추가를 통한 협업이 용이하다. 여러 사용자가 동시에 접속하여 함께 홈페이지를 꾸밀 수 있기 때문에 협동 학습 측면에서 큰 장점이 있다. 또한 방문자 입장에서는 로그인이 필요 없다는 점에서 접근성이 뛰어나다. 구글 사이트 도구로 만든 홈페이지를 게시하면 따로 로그인 과정 없이 불특정 다수의 사람들이 정보에 접근할 수 있다.

3.2 시작해볼까요?

구글 사이트에 접속하기 위해서는 구글이나 지메일(Gmail) 메인 화면에서 구글 도구 꾸러미를 클릭하여 [사이트 도구]를 선택하거나, [구글 드라이브]-[새로 만들기]-[더보기]-[Google 사이트 도구]를 클릭한다. 또는 구글 사이트 웹 페이지(sites.google.com)로 접속한다.

구글 사이트 시작하기

자세히 알아볼까요?

3.3.1 상단 메뉴바 설명

새로운 사이트를 만들었을 때 상단에 나타나는 메뉴는 다음 그림과 같다.

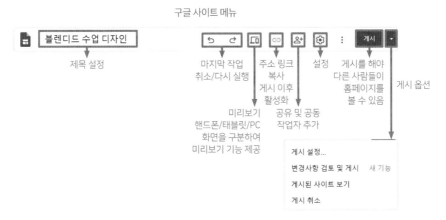

구글 사이트 메뉴

3.3.2 공동작업자 추가

협업을 위해서는 공동작업자를 추가해야 한다. 상단 메뉴에서 [다른 사용
자와 공유] 버튼을 클릭한 다음, [사용자 및 그룹 추가]란에 공동작업자로
추가할 사용자를 입력한 다음 권한을 설정할 수 있다.

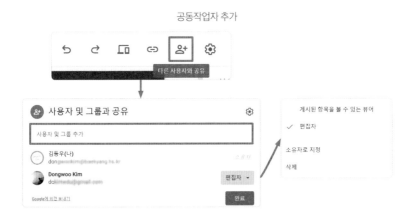

공동작업자 추가

3.3.3 미디어 업로드

구글 사이트 도구는 매우 직관적인 인터페이스를 가지고 있다. 미디어를 업로드하는 과정 또한 매우 간편하다. 먼저 오른쪽에 있는 메뉴 바에서 [삽입] 탭을 선택한다. 그 다음 ①번 영역에서 [텍스트], [이미지], URL이나 소스 코드를 이용한 [삽입], [드라이브]에서 업로드 등을 선택할 수 있고, ②[레이아웃]에서 원하는 레이아웃을 선택하여 자료를 업로드할 수도 있다. 더 간편하게는 미디어를 업로드하고 싶은 부분에 마우스를 더블클릭하면 ③번과 같은 창이 뜬다. 여기에서 적절한 미디어를 선택하여 업로드할 수 있다.

미디어 업로드하기

레이아웃을 활용한 미디어 업로드

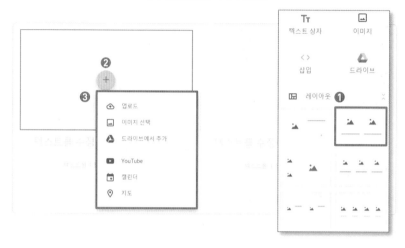

앞 그림은 레이아웃을 활용하여 미디어를 업로드하는 과정이다. 먼저 원하는 레이아웃을 선택(①)한 후 [+] 버튼을 누르고 원하는 미디어를 선택하여 업로드한다.

다음 그림은 레이아웃을 이용하여 구글 프레젠테이션 슬라이드, 구글 문서, 유튜브 영상, 그리고 구글 드라이브 영상을 업로드한 것을 보여준다. 구글 드라이브 자료에 마우스 커서를 올리면 오른쪽 상단에 [새 탭에서 열기] 아이콘이 생성된다. 이를 클릭하면 새 탭에서 문서, 영상 등을 실행할 수 있으니 참고하자.

다양한 미디어 업로드의 예

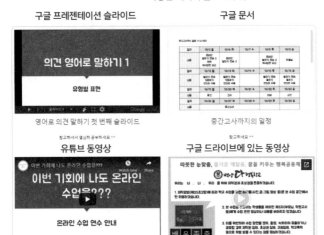

새 탭에서 열기

활용 Tip

홈페이지를 만든 후 게시했을 때 다음 그림처럼 구글 드라이브에서 업로드한 자료가 보이지 않는 경우가 발생할 수 있다. 이때는 당황하지 말고 액세스 권한 설정을 바꿔주면 된다.

썸네일이 보이지 않는 상황

썸네일 문제 해결 1

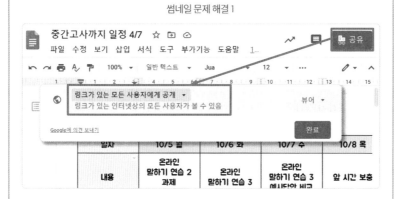

드라이브에 있는 해당 파일로 가서 [공유] 버튼을 누르고 공유 설정을 [링크가 있는 모든 사용자에게 공개]로 바꿔주면 문서가 보인다.

썸네일 문제 해결 2

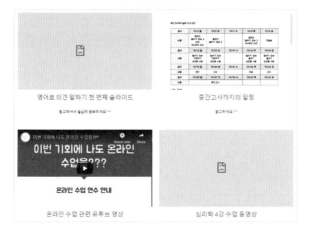

영어로 의견 말하기 첫 번째 슬라이드   중간고사까지의 일정

온라인 수업 관련 유투브 영상   심리학 4강 수업 동영상

슬라이드나 동영상 또한 마찬가지 방법으로 공유 설정을 바꿔주도록 하자.

3.3.4 페이지 추가

여러 페이지를 추가하여 정보를 일목 요연하게 정리할 수 있다. 먼저 오른쪽 메뉴에서 [페이지] 탭을 클릭하고 [+] 버튼을 클릭하여 새 페이지를 추가한다. [추가 옵션]을 클릭(❸)하면 다른 옵션을 확인할 수 있다. 여기서 [하위 페이지 추가]를 선택하면 하위 개념에 대한 페이지를 추가할 수 있다.

페이지 추가 1

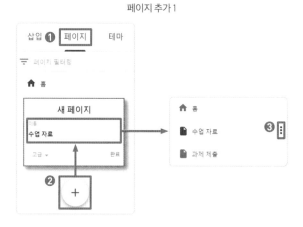

페이지 추가 2

이렇게 만든 페이지는 기본 설정상, 오른쪽 상단에 위치한다.

메뉴에서 페이지 목록 보기 및 수정

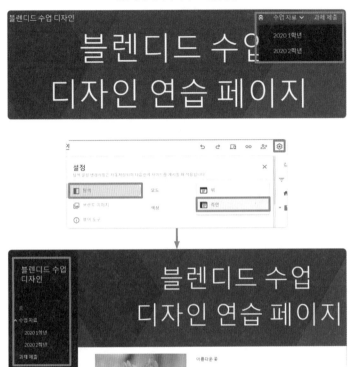

페이지가 나타나는 위치를 바꾸고 싶다면 [설정]-[탐색]-[모드]에서 [측면]을 선택하면 페이지 목록이 측면에 나타난다.

3.3.5 게시하기

홈페이지 제작을 마쳤다면 [게시(Publish)]를 통해 공개한다. 물론 게시 이후에도 언제든지 수정할 수 있다. 상단 메뉴에서 [게시]를 클릭하여 원하는 웹 주소를 입력한다. [관리](②)를 클릭하면 공개 범위를 설정할 수 있는데 Google Workspace에 가입한 학교라면 ③에서 학교 구성원들만 접근하도록 하여 보안에 유의할 수 있다. 일반적인 경우라면 모든 사용자에게 공개하여 로그인 없이 사이트에 접근하도록 하는 것이 좋다. 설정을 마쳤다면 [게시] 버튼을 눌러 홈페이지를 공개하자.

구글 사이트 게시하기

3.4 수업 적용 사례

3.4.1 과정 중심 평가+학습 일지 작성

코로나 시대에서 비대면의 중요성이 커져가면서 자기 주도적 학습의 중요성은 아무리 강조해도 지나치지 않다. 학생들이 스스로 정한 주제에 대해 깊이 있게 탐구하고, 그 변화와 문제 해결 과정을 누적해서 기록해 나가는 데 있어 사이트 도구는 좋은 도구가 될 수 있다. 한 가지 주제에 대해 개인이나 그룹으로 문제를 해결해 나가는 프로젝트 학습, 우리말이나 외국어를 활용한 다양한 글쓰기 활동, 자신의 배움의 과정을 성찰적으로 기록하는 학습 일지 등 변화의 과정을 기록하는 데 구글 사이트를 활용하면 학습자의 학습을 촉진하는 데 큰 역할을 할 것이다.

여기에는 여러 가지 장점이 있다. 첫째, 학습자가 다른 학습자를 통해 배울 수 있다는 점이다. 기존 많은 수행평가가 과제를 제출하고 난 후 공유의 시간이 없어 다른 친구들은 어떤 과정을 거쳐서 어떤 결과를 얻었는지 알기 힘들었다. 사이트 도구의 결과물은 서로 공유하기 쉽기 때문에 학습자들 상호 간 배움이 일어날 수 있다. 둘째, 과정을 평가하기에 적절하다. 학습자의 변화 과정이 기록되어 있기 때문에 결과물만을 봤을 때 알지 못했던 학습 과정에 대한 평가가 가능하다. 셋째, 학습 포트폴리오로 오래 기억된다. 많은 학습의 결과물이 시간이 지나면 잊혀지고 사라져 버리는 경우가 많다. 하지만 홈페이지의 경우 인터넷 공간에서 계속 존재하기 때문에 언제 어디서든 다시 접근할 수 있다. 학생이 훗날 자기소개서를 쓸 경우에 훌륭한 참고 자료로 남아있을 것이다. 넷째, 학습과정을 많은 사람과 공유할 수 있다. 기존의 수행평가는 교사와 학생 사이에서만 상호작용이 일어나는 경우가 많아서 상대적으로 폐쇄적이라 할 수 있다. 그러나 홈페이지 형태의 학습 결과물은 부모님도 쉽게 접근할 수 있어 자녀가 어떤 분야에 관심이 있고 어떤 배움의 과정을 거치고 있는지 이해하고 격려하는 공간이 되리라 기대한다.

3.4.2 학습자료 공유

교사의 입장에서 여러 학습자료를 공유하는 공간으로 활용할 수 있다. 구글 클래스룸이나 MS 팀즈의 경우 매우 강력한 학습 관리 기능을 제공한다. 그러나 학기가 끝나고 해당 과목을 이수하면 학생들이 그 공간에 접근하기 어려운 부분이 존재하고, 자료에 접근하기 위해서는 로그인이 반드시 필요하다. 이렇게 보안상 강점이 있는 반면, 불특정 다수의 사용자에게는 폐쇄적이라는 한계가 있다. 만약 불특정 다수를 대상으로 자료를 공유해야 한다면 구글 사이트 도구를 적극 활용할 것을 추천한다.

3.4.3 추억의 기록장

연간 학급에서 있었던 일, 수업에서 있었던 일 등을 글, 사진, 영상으로 정리하여 한 공간에 모아둔다면 평생 기억에 남을 추억이 되지 않을까? 학급, 학교 문집을 홈페이지 형식으로 만든다면 행복했던 시간을 오래도록 추억할 수 있을 것이다.

4. 애기: 함께 그리는 그림

- 특정 계정이 필요하지 않아 가입이 손쉽다.
- 접근 방법: 애기 웹 사이트(aggie.io)

4.1 무엇을 할 수 있나요?

스마트폰이 흔하게 사용되면서 '포토샵'이란 단어가 보통 명사나 동사로 쓰이고 있다. 원래 포토샵은 컴퓨터에서 이미지를 편집하기 위해 만들어진 어도비 시스템즈(Adobe Systems)의 이미지 편집 프로그램이다. 포토샵은 전문인뿐만 아니라 일반인들도 널리 쓰게 되면서 이미지 편집 프로그램의 표준으로 자리매김하게 되었다. 이제는 '포토샵 하다'라는 말이 어떤 소프트웨어나 앱을 쓰든지 간에 '이미지를 편집하다'라는 의미가 될 정도로 이미지를 그리고 편집하는 일이 흔해졌다.

애기(Aggie) 웹 사이트는 협업으로 그림을 그리고 편집할 수 있는 웹 서비스이다. 디지털 교육 도구가 넘쳐나고 포토샵 도구가 아주 흔하게 사용되는 디지털 환경에서 학생들의 접근이 쉽고 협업이 가능한 포토샵 도구가 거의 없었다는 것은 참 안타까운 일이었다. 그러나 애기가 등장하면서 이 모든 것이 가능해졌다.

4.2 시작해볼까요?

애기 웹 사이트에 접속한 후, 오른쪽 상단에 있는 동물 아이콘([Anonymous], 익명의)을 클릭하면 계정을 생성하는 [Create account] 메뉴가 보인다. 이것을 클릭하면 계정 생성을 위한 팝업창이 나타난다. 다음 그림과 같이 이메일 주소, 비밀번호, 닉네임을 입력한 후 [Create]을 클릭하면 완성된다.

애기(Aggie) 계정 생성하기

4.3 자세히 알아볼까요?

그림 그리기를 시작하려면 로그인한 후에 홈페이지의 중앙에 있는 [New drawing(새 그림)]을 선택한다. 오른쪽 끝에 있는 꺾쇠를 누르면 그림의 사이즈를 선택할 수 있다. 혹은 이전에 그리던 그림이 있다면 초록색 버튼 [Continue last one(이전 그림 계속하기)]을 선택한다. 참고로 상단에 있는 [Help]를 클릭하면 그림 그리기에 필요한 단축 메뉴에 대한 깔끔한 설명을 볼 수 있다.

그림 시작하기

새 그림을 시작하면 빈 화면이 나타난다. 그림판의 상단과 오른쪽, 왼쪽에 있는 메뉴는 직관적이어서 사용하기 쉽다.

그림 그리기

애기의 장점은 협업이다. 여러 명의 학생이 온라인에서 각자의 디지털 기기로 접속하여 하나의 그림 작품을 만들 수 있다. 협업을 시작하는 방법은 여타 공유 문서에서 공동작업자를 초대하는 방식과 비슷하다. 공유 링크를 생성한 후 그 링크를 초대하고 싶은 사람에게 보내면 된다. 초대받은 사람은 받은 링크로 해당 그림에 접속한다. 다음 그림의 상단에 있는 [Invite(초대하기)] 버튼을 클릭하면 공유할 링크가 복사된다(팝업창 등 다른 행동을 취할 장면이 나타나지 않음). 이제 이 링크를 다른 곳에 붙여 넣기하면 된다. 학습관리시스템에서 공지하거나, 메신저 등에 붙여 넣기하여 공유하면 된다.

애기에서 협업하기

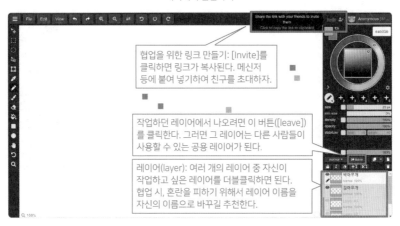

오른쪽 하단에는 그림을 그릴 수 있는 여러 장의 레이어(Layer, 투명필름 같은 역할)가 있다. 협업으로 그릴 때, 여러 장의 투명필름이 있으므로 친구들끼리 그림이 부딪히는 일이 없다. 협업 시 혼란을 피하려면 레이어를 더블클릭하고 자신의 이름을 적어 두는 것도 좋다.

협업 수업 시 교사가 학생들의 작품에 대한 설정을 제어해야 하는 경우가 많다. 학생들의 장난이나 실수로 작품을 망가뜨리는 일을 미연에 방지하고자 위함이다. 이때 애기에서는 각 작품에서 교사를 관리자(admin)로 세팅할 수 있어서 편리하다.

관리자 세팅하기

앞 그림처럼 메뉴 상단에 있는 [File]을 선택하면 드롭다운 메뉴가 나타난다. 아래쪽에 있는 [Drawing settings(그림 설정)]을 클릭하면 오른쪽 그림과 같은 팝업창이 나타난다. 파란색 버튼으로 되어 있는 [Become admin of this drawing(이 그림의 관리자 되기)]를 선택하고 저장한다. 그런 다음, 상단의 메뉴를 살펴보면 새로운 버튼 [Admin(관리자)]가 생긴 것을 볼 수 있다.

관리자 메뉴

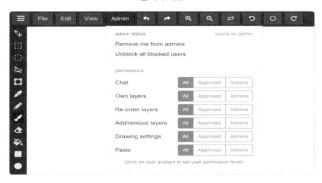

앞 그림에서는 현재 채팅과 레이어 관리 등에서 [All]이 선택되어 모두가 권한을 가진 것으로 되어 있다. 각각의 메뉴에서 [Admins]를 선택하면 관리자만 관리 권한을 갖게 된다.

첫 페이지 상단에 있는 [Help]를 클릭하면 다음과 같은 단축키 설명을 찾을 수 있다.

Keyboard shortcuts

Shortcuts can be customized in **Application settings** window. If the shortcuts are shown incorrectly make sure the keyboard layout is set correctly in **Application settings** shortcuts section.

General

- `[` and `]` - change brush size
- `X` to switch primary and secondary color
- `Ctrl` + `←` `↑` `→` `↓` - move selection or layer
- `Enter` or `Numpad Enter` - open chat box
- `Esc` (while in chat) - close chat box
- `1` `2` `3` `4` `5` `6` - switch tool preset
- `Tab` - hide UI
- Hold `Shift` when adjusting slider values to do fine adjustments

Drawing

- `Ctrl` + `S` - Save
- `Alt` + `S` - Save selection
- `Ctrl` + `Shift` + `S` - Share
- `Alt` + `Shift` + `S` - Share selection

Edit

- `Ctrl` + `Z` - Undo
- `Ctrl` + `Shift` + `Z` or `Ctrl` + `Y` - Redo
- `Ctrl` + `X` - Cut
- `Ctrl` + `C` - Copy
- `Ctrl` + `Shift` + `C` - Copy merged
- `Ctrl` + `V` - Paste
- `Ctrl` + `Shift` + `V` - Paste in place
- `Ctrl` + `A` - select all
- `Ctrl` + `D` - deselect
- `Ctrl` + `Shift` + `I` - invert selection
- `Delete` - delete selected region

View

- hold `Space` to be able to drag canvas using mouse and zoom using mouse wheel (hold `Ctrl` to zoom in or out, hold `Alt` to rotate)
- `=` or `Ctrl` + `=` or `Numpad +` or `Ctrl` + `Numpad +` and `-`, `Ctrl` + `-`, `Numpad -` or `Ctrl` + `Numpad -` to zoom in and out
- `H` - flip view horizontally
- `Home` - fit entire picture on screen
- `End` - show the picture at full resolution
- `Esc` - reset view rotation
- `Ctrl` + `` ` `` - save view
- `` ` `` - restore saved view

Tools

- `V` - **move tool** (hold `Shift` to lock vertical or horizontal move, hold `Ctrl` to pick layer to move from cursor position)
- `M` - **rectangle selection** (hold `Shift` to add to selection, hold `Alt` to subtract from selection)
- `L` - **lasso selection** (hold `Shift` to add to selection, hold `Alt` to subtract from selection)
- `I` - **eyedropper** (hold `Shift` to put picked color in secondary color slot, hold `Ctrl` to switch picking from active layer or whole drawing)
- `N` or `P` - **pencil** (hold `Shift` to add draw straight line from last point; hold `Alt` to switch to eyedropper tool)
- `B` - **brush** (hold `Shift` to add draw straight line from last point, hold `Alt` to switch to eyedropper tool)
- `E` - **eraser** (hold `Shift` to add draw straight line from last point, hold `Alt` to switch to eyedropper tool)
- `U` - **rectangle tool** (hold `Shift` to add draw square, hold `Alt` to switch start the shape from the center)
- `R` - **rotate view tool** (hold `Shift` to lock to 15° steps)
- `Z` or `Ctrl` + `Space` - **zoom tool** (hold `Alt` to zoom-out instead of zooming in when clicking)
- hold any of these buttons to switch to given tool temporarily

Layers

- double click a free layer to take ownership of it
- `Shift` + `👁` - toggle any layer visibility just for yourself
- `Ctrl` + `Alt` + `G` - toggle layer clipping group
- `Ctrl` + `B` or `/` - toggle layer opacity lock
- `D` - clear active layer
- `F` - transfer layer down
- `Ctrl` + `J` - duplicate layer

5. 툰타스틱: 함께 만드는 영화

> • 접근 방법: 구글 플레이나 앱스토어에서 앱('Toontatic 3D')을 찾아 설치한다.

5.1 무엇을 할 수 있나요?

요즘은 디지털 콘텐츠를 만들어 내는 아이들이 많다. 교실 수업에서도 콘텐츠를 손쉽게 만들 수 있도록 돕는 도구가 많으므로 이를 활용해보자. 툰타스틱(Toontastic 3D)은 애니메이션을 매우 쉽게 만들 수 있는 도구이다. 주어진 인물, 배경, 음향효과 등을 활용하여 애니메이션을 만든다. 이때 인물들의 대사는 학생들이 직접 말하는 대로 녹음된다. 다시 말해, 학생들은 시나리오 구성과 성우 연기, 그리고 감독의 역할을 하게 된다. 툰타스틱을 시작하기 전에는 작품 구성과 플롯, 인물 등을 정하고 학생들의 역할을 나누는 활동을 먼저 해야 한다. 다음 순서도를 참고하자.

툰타스틱을 활용한 영화 제작 순서도

작품 구성 및 역할 정하기 (스토리, 인물 등) → 작품 구조 선택 (Short Story, Classic Story, Science Report) → 배경 선택 → 등장인물 선택 → 연기 및 녹화 → 배경음악 및 크레딧

시작하기 전, 만들어진 샘플을 보고 싶다면 Toontastic 3D(https://toontastic. withgoogle.com/)를 방문해 보자.

5.2 시작해볼까요?

툰타스틱은 모바일 기기(휴대폰, 태블릿)와 크롬북에서만 작동하므로 기기에 앱을 설치한 후 시작할 수 있다. 별도의 가입은 필요하지 않다. 일단 디지털 기기에 설치되면 인터넷 접속이 없는 상태에서도 사용할 수 있으며, 결과물은 클라우드 등 공유 저장소가 아닌 해당 기기의 로컬 저장소에 저장된다(예: 사진 갤러리).

툰타스틱 설치하기

5.3 자세히 알아볼까요?

설치된 앱을 선택하면 다음 그림과 같이 시작 화면이 나타난다. [+] 버튼을 터치하여 작품 만들기를 시작한다. 그러면 어떤 종류의 이야기(Short Story, Classic Story, Science Report)를 만들 것인지를 물어본다. Short Story는 3개의 장면, Classic Story와 Science Report는 5개의 장면[4]으로 구성되어 있으나, 원하는 대로 추가하거나 하나의 장면으로 마무리할 수도 있다. 앱을 시작하면 신나는 음향 효과와 함께 시작되므로 조용한 환경일 경우 모바일 기기의 음향을 줄인 후 시작하자.

---

4   Short Story: 시작, 중간, 끝
Classic Story: 발단, 전개, 위기, 절정, 결말
Science Report: 문제, 가설, 실험, 결과, 결론

툰타스틱 시작하기

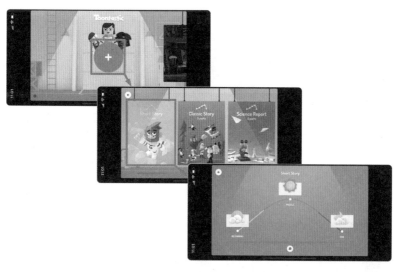

첫 번째 장면을 터치하면 배경과 인물 등을 선택할 수 있다. 우선 옆으로 스크롤하여 원하는 배경을 선택하면 되는데, 왼쪽 하단의 파란색 버튼 [Draw your own(직접 그리기)]을 선택하여 직접 그릴 수도 있다. 배경을 선택하고 나면 인물을 선택하게 되는데, 배경을 선택할 때와 같은 방법으로 진행하면 된다. 이때는 등장인물 수만큼 인물을 선택하고, 직접 그리고 싶다면 왼쪽 하단의 [Draw your own]을 선택한다.

성우로 등장할 사람들이 함께 모여 영화를 제작할 준비가 되었다면 오른쪽 상단의 화살표를 터치해보자. 인물을 손가락으로 잡고 각자의 시작 위치에 둔다. 그런 다음 상단에 있는 시작([Start]) 버튼을 클릭하면 녹화를 시작하는 카운트다운이 시작된다.

배경, 인물 선택 후 녹화 시작하기

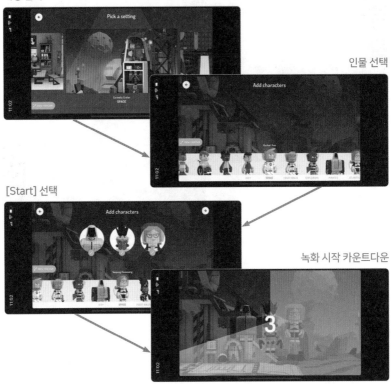

배경 선택

인물 선택

[Start] 선택

녹화 시작 카운트다운

맡은 학생이 손가락으로 잡고 움직이는 대로 인물의 행동은 녹화된다. 인물의 대사는 학생들이 말하는 대로 녹음된다. 끝낼 때는 상단의 중앙에 있는 멈춤 버튼을 누르면 된다. 그런 다음 배경 음악과 영화의 제목과 제작자를 입력하면 완성이다. 오른쪽 상단에 있는 [Finish] 버튼을 선택하면 모든 과정이 끝나고 디지털 기기의 이미지와 영상이 저장되는 공간(예: 갤러리)에 저장된다.

툰타스틱 사운드트랙 리스트

배경의 분위기에 따라 다음 목록 사운드트랙 중 일부가 나타나고 그중 하나를 선택하면 된다.

- Confident 자신감 넘치는 분위기
- Loving 사랑스러운 분위기
- Gloomy 우울한 분위기
- Spunky 용감하고 결의에 찬 분위기
- Spooked 깜짝 놀라게 되는 분위기
- Tense 긴박한 분위기
- Stormy 몰아치는 분위기
- Hopeful 희망찬 분위기
- Curious 호기심 넘치는 분위기
- Victorious 승리에 찬 분위기
- Passionate 열정적인 분위기
- Hysterical 감정을 조절할 수 없는 분위기
- Rebellious 반항적인, 반란이 일어나는 분위기
- Terrified 겁에 질린 분위기
- Frantic 두려움, 초조함, 걱정 등이 있는 분위기
- Enraged 화가 난 분위기
- Determined 결의에 찬 분위기
- Shocked 깜짝 놀란 분위기

툰타스틱 참고 영상

이번 챕터는 21세기 역량의 핵심인 '협업'으로 콘텐츠를 만드는 도구를 안내하였다. 첫째, 이제껏 주로 혼자 만들던 글, 엑셀, 파워포인트를 협업으로 작성하는 기본 문서 도구들을 살펴보았다. 문서를 혼자 작성한다 하더라도 다른 사람이 실시간으로 메모 쓰기와 수정하기 기능을 활용하여 참여할 수

있다. 둘째, 스웨이를 이용하여 새로운 형태의 프레젠테이션을 만들 수 있다. 반응형 도구이므로, 보는 이가 어떤 기기를 사용하든 최적화된 화면으로 잡지나 뉴스레터 읽기와 비슷한 경험을 하게 된다. 셋째, 집단지성의 시너지를 경험할 수 있는 구글 사이트를 이용해 웹 페이지를 만들어 보았다. 넷째, 온라인 포토샵 도구인 애기를 살펴보았다. 협업의 장점을 충분히 살려 그림 그리기를 해보자. 마지막으로 몇 분 안에 영화를 뚝딱 만들 수 있는 '툰타스틱'이 있다. 21세기를 사는 학생들에게 협업 능력이 꼭 필요한 역량임은 많은 이가 동의할 것이다. 교실 수업에서 협업 과제를 제시하고 진행하여 평가하는 것이 현실적으로 어렵다는 것 역시 많은 이가 동의할 것이다. 여기에서 소개한 도구를 사용하면, 협업을 자연스럽게 유도하고 협업 과정에 생길 수 있는 문제점을 줄일 수 있다. 가르치는 교과목, 수업 목표, 평소의 수업 스타일을 고려하여 가장 적합한 도구 하나만 골라 시작해 보자.

이어지는 Chapter 5에서는 학생과 교사 모두의 성장을 위한 피드백 교환에 초점을 맞추어 디지털 도구를 살펴보도록 한다.

chapter

13

성장하는 교사와 학생:
피드백이 있는 수업

성장하는 교사와 학생: 피드백이 있는 수업

교사와 학생은 수업을 통해 성장한다. 수업은 교육과정과 학생들의 필요를 반영하여 설계되고, 그 가치는 평가의 과정을 거쳐 판단된다. 평가는 학생들이 수업을 통해 얼마나 배웠는지, 수업에 대한 태도는 어떠한지, 학생 서로 간의 소통은 어떠했는지, 그리고 이 모든 것에 관한 교사의 관찰 내용을 포함한다. 넓은 의미의 평가이다. 수업의 전반적 과정에 걸친 이런 평가 결과를 분석하여 교사는 수업을 재설계할 수 있다. 다음 그림은 이렇게 수업이 설계되어 실행된 후 다시 재설계되는 과정을 보여준다.

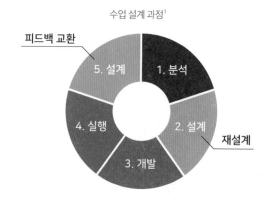

수업 설계 과정[1]

수업이 평가되고 재설계되는 과정에서 교사와 학생은 성장한다. 이 과정에서 성장이 가능한 것은 교사와 학생, 학생과 학생 간 서로가 끊임없이 피드

---

1   Piskurich의 모델을 수정함. Piskurich, G.M., (2015). Rapid instructional design: Learning ID fast and right, Hoboken, NJ: John Wiley & Sons.

백을 주고받기 때문이다. 성장을 위한 수업 디자인에서 피드백 교환을 중
요한 요소로 포함시켜야 하는 이유이다.

많은 디지털 도구가 피드백 제공 기능을 포함하고 있지만, 이 챕터에서 소
개되는 디지털 도구들은 피드백 교환과 소통에 특히 장점을 지녔다. 신뢰
도 높은 교사의 피드백 제공을 위해 평가기준(Rubric) 작성에 도움이 되는
도구를 시작으로 하여, 몇 가지 평가나 피드백 제공 도구를 살펴본다. '폼즈
(Forms)'라는 이름으로 알려진 설문조사 도구는 자동채점이 가능한 형성평
가를 만들 수 있다. 학생들이 할 법한 오답에 대한 피드백을 미리 작성해 두
면 해당 문제를 이해하지 못한 학생들에게 즉각적으로 피드백할 수 있다.
와이파이가 없는 교실에서 유용한 플리커스(Plickers)는 학생들 각자가 배
운 지식에 대한 즉각적 피드백을 받을 수 있을 뿐만 아니라, 교사 역시 학생
들의 이해 정도를 전반적으로 파악할 수 있는 피드백을 받는다. 워드(MS
Word)나 원노트(OneNote)에 있는 녹음 기능은 교사가 학생들의 이야기를
일일이 들을 시간이 없는 상황이나 직접 만나기 힘든 상황에 아주 유용하
다. 말하기 평가와 그에 대한 피드백, 혹은 글로 전달하기 힘든 이야기를 녹
음하여 주고받을 수 있다.

마지막에 있는 '6. 자가진단: 행복한 가르침과 배움'은 디지털 환경이 어렵
게 느껴지는 교사와 학생들을 위한 글이다. 교사들은 학생들과 그들의 성
장에 미치는 나의 긍정적 영향이 충분하다고 여겨지지 않을 때 수업이 힘
들다고 생각된다. 다른 말로 자아효능감(Self-efficacy)이 낮다고 한다. 디지
털 도구를 다루지 않는 전통적 방식의 수업과 디지털 도구를 활용하게 되
는 블렌디드 수업 상황에서의 자아효능감은 다를 수 있다. 나의 자아효능
감이 어느 정도인지, 자아효능감 증가를 위해 어떤 노력을 해야 할지 내가

나를 돌아보고 나에게 주는 피드백이 필요하다.

학생들에게 배움을 대하는 자기 자세를 돌아보는 활동이 필요한 이유는 최근 많이 접한 뉴스 보도에서 찾을 수 있다. 원격수업을 하면서 학생들의 학업 능력이 크게 떨어졌다는 것이다. 놀랄 일이 아니다. 교육시장에서 선풍적인 인기를 끈 '무크(MOOC, Massive Open Online Courses)'는 전 세계의 명문 대학이 수준 높은 강의를 제공하여 누구나 그 학교를 다니지 않아도 수업을 들을 수 있는 세상을 만들었다. 누구나 수업을 들을 수는 있었지만, 그 전부가 코스를 완료하는 것은 아니었다. 무크의 중도 포기율은 90%를 넘는다. 성인인 대학생들도 하버드, 스탠퍼드 등 세계 유수한 대학의 강의를 포기하는 비율이 그 정도인데, 어린 학생들이 선생님이나 친구들이 없는 곳에서 스스로 집중해서 수업을 듣기란 여간 어려운 일이 아닐 것이다. 학생 스스로 성장할 수 있는 힘을 기르는 피드백을 어떻게 제공할 수 있는지 함께 고민해 보자.

1. 루브릭: 평가, 피드백, 성장의 출발

교사와 학생이 피드백을 교환하는 가장 공식적이고 흔한 방법은 평가일 것이다. 평가결과에서 효과적인 피드백을 주고받기 위해서는 명확한 평가기준이 필요하다. 평가기준은 루브릭(Rubric)이라고도 한다. 평가계획서에만 머무는 것이 아닌 살아있는 평가기준을 만들자. 우선 학생들이 평가기준에 손쉽게 접근할 수 있도록 하여, 과제 작성 과정과 문제에 대한 답안 작성 과정을 스스로 점검할 수 있도록 해야 한다. 학습능력, 비판적 사고능력, 메타인지 능력을 기를 수 있다. 교사 역시 학생들의 과제나 답안을 채점할 때 항상 참고해야 한다. 그래야만 일관성, 타당성, 공정성면에서 높은 평가를 할 수 있다. 이렇게 기준에 맞춘 피드백을 제공하는 것은 학생들과의 효과적인 의사소통이 되고 서로의 성장에 이르게 된다. 다음 내용을 참고하여 살아있는 평가기준을 만들어 보자.

1.1 평가기준 작성

다음 그림은 평가기준표의 기본 형태이다.

평가기준표 작성 순서

1. 평가에서 무엇을 측정할 것인지 결정한다.

기준\n등급	평가 기준 1	평가 기준 2	평가 기준 3
상	기대 수행수준 설명	기대 수행수준 설명	기대 수행수준 설명
중	기대 수행수준 설명	기대 수행수준 설명	기대 수행수준 설명
하	기대 수행수준 설명	기대 수행수준 설명	기대 수행수준 설명

2. 측정 수준을 결정한다.　　　3. 수행수준을 기술한다.

평가기준표를 작성하는 첫 단계는 측정할 세부 행동을 정하는 것이다. '발표하기' 과제라면 측정할 세부 행동의 예로는 '발표 내용, 미디어 사용, 전달력' 등이 되겠다. 두 번째 단계는 각각의 세부 행동을 몇 단계로 나누어 평가할 것인지를 결정하는 것이다. 앞 그림에서는 상, 중, 하 3단계로 나누었다. 마지막으로 각 단계에서의 학생 수행 수준을 구체적으로 설명한다.

평가기준표 작성을 돕는 웹 서비스는 많다. 그중 퀵루브릭(www.quickrubric.com)에서는 평가기준표의 틀을 제공하므로 교사가 원하는 평가기준표를 만들 수 있다.

퀵루브릭에서 평가기준표 만들기

1.1.1 루브릭 메이커

세부 평가기준과 기대 수행 수준의 풍부한 샘플을 제공하는 웹 서비스도

있다. 다만, 영어 사이트이므로 한국어로 번역해서 써야 하는 불편함이 있

다. 그중 깔끔한 인터페이스를 보여주는 루브릭메이커(rubric-maker.com)를

이용해 보자.

루브릭메이커 시작하기

오른쪽 상단의 [Join(가입하기)]을 클릭한 후 이름, 성, 이메일 주소를 쓰고 [Submit(제출하기)]을 클릭한다. 입력한 이메일로 가면 루브릭메이커에서 보낸 링크를 포함한 메일이 있다. 링크를 클릭하면 비밀번호를 설정하는 화면이 나타난다. 비밀번호를 설정하고 계정을 만든다.

평가기준표를 만드는 방법은 다음 그림과 같다. 왼쪽 상단의 [New]를 클릭한다. Level(학교급)을 유치원~대학 중 선택하고, Topic(과제)의 종류를 선택한다. 그러면 Component(세부 평가기준)의 종류가 활성화되어 원하는 기준을 골라 완성할 수 있다.

루브릭메이커 과제 및 세부 평가기준 선택하기

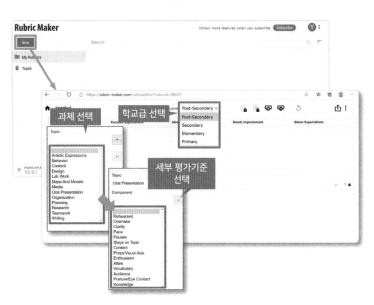

다음은 발표(Oral Presentation) 과제에서 세부 평가기준 두 가지인 전체적 태도(Overview)와 내용(Content)을 포함한 평가기준표이다. 각각은 4단계의 기대 수행수준이 있는데, 이 수행수준의 설명은 자동 완성된다. 수정이 필요하다면 각 셀을 클릭하여 원하는 대로 수정할 수 있다. 영어 외의 교과에서는 번역이 필요하다. 이때 번역이 필요하다면 해당 셀을 선택하여 복사한 후 번역 사이트(구글 번역, 파파고 등)에 붙여 넣기하여 번역한다. 번역된 내용을 다시 복사하여 루브릭메이커 해당 셀에 붙여 넣으면 한글로 된 루브릭이 완성된다. 세부기준을 추가하려면 오른쪽 상단의 [+], [-] 버튼을 선택한다. 완성되면 다운로드 버튼을 클릭하여 저장한다.

루브릭메이커 평가기준표 완성하기

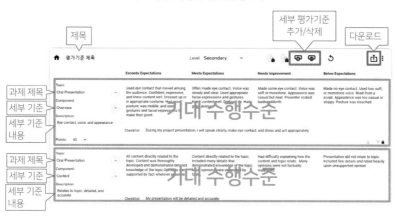

1.2 학습관리시스템에서의 평가기준표 활용

평가기준표 작성을 돕는 웹 서비스를 살펴보았다. 앞서 말한 것처럼 자세한 평가기준표는 학생과 교사의 의사소통 및 성장을 돕는다. 그런데 점수를 부여하는 과제라면 자세한 평가기준표가 교사의 업무를 과중하게 할 수 있다. 작성 과정에서 각각의 기준과 수준에서의 점수를 정해야 한다. 각 세부 행동이 차지하는 점수의 비율을 정한 다음 상/중/하 수준의 점수 급간을 정한다. 이렇게 평가기준표를 이용하면 공정하고 신뢰도 높은 채점을 할 수 있다. 평가기준표를 활용하더라도 일련의 평가 과정(학생의 과제를 살피기, 세부 채점 기준 점수 부여하기, 세부 영역의 비율에 맞게 계산하기, 학생의 세부 점수 합산하기, 나이스에 입력하기 등)은 그렇게 쉽게 진행되지 않는다.

이 문제는 학습관리시스템을 사용할 때 쉽게 해결된다. 학습관리시스템에서 만드는 루브릭(평가기준표)은 학생의 과제수행과 교사의 채점과정에 연결된다. 즉, 교사는 채점과정에서 루브릭에서 학생의 수행 수준만 클릭하면 점수는 자동 계산된다.

팀즈에서 루브릭을 활용한 채점 장면

학습관리시스템에서 개별 학생 과제물을 열면 학생 과제물(오른쪽)과 나란히 채점할 수 있는 패널(왼쪽)이 나타난다. 과제를 생성할 때 첨부해 둔 [루브릭]을 클릭하면, 그 내용이 자세하게 나타난다. 앞 그림에서 세부 평가기준 중 하나인 [그림]이 선택되었고, 그 아래에는 미리 정해 둔 측정 수준 3단계가 나타난다. 교사가 이 3단계 중 해당 학생의 과제는 어디에 속하는지 클릭하면 상단의 '합계' 점수는 자동으로 계산된다. 제일 아래에는 [피드백]을 작성하는 공간이 있다. 이렇게 손쉬운 채점을 하려면 루브릭(평가기준표)을 작성해야 한다.

구글 클래스룸(위)과 팀즈(아래)에서 루브릭 작성하기

학습관리시스템에서 세부 평가기준과 기대 수행수준의 설명은 직접 기입해야 한다. 앞에서 소개한 루브릭메이커의 도움을 받아 완성해보자.

2. 구글 설문지: 손쉽게 시작하는 평가와 설문

- 필요한 계정: 구글 계정
- 접근 방법: 구글 웹 사이트(www.google.com) 또는 구글 설문지 웹 사이트 (www.google.com/intl/ko_kr/forms/about/)
- 권장 사항: 크롬 브라우저를 통한 접속을 권장한다.
- 특이 사항: 구글 설문지를 만들기 위해서는 구글 계정이 있어야 하지만, 구글 설문에 응답하는 학생은 구글 계정이 없어도 응답할 수 있다.

2.1 무엇을 할 수 있나요?

구글 설문지는 구글 문서, 구글 스프레드시트, 구글 프레젠테이션과 함께 구글 드라이브 제품군에 포함된 설문조사 앱이다. 다양한 질문 유형 및 기능을 사용하여 누구나 쉽게 설문지 및 퀴즈를 만들고 응답할 수 있으며 이미지 및 동영상 추가, 설정, 다양한 부가기능 등을 활용하여 학생들의 생각과 의견을 다양하고 상세하게 들을 수 있다. 또한 테마 맞춤 설정을 활용하여 나만의 사진이나 로고를 사용하여 독창적인 설문지를 제작할 수 있다. 무엇보다, 공동작업자 추가 기능을 활용하여 교사 간 협업 능력을 극대화할 수 있다. 자동 요약이 포함된 응답 분석 기능을 통해 설문 결과를 실시간으로 확인할 수 있으며 구글 스프레드시트와 연계하여 응답 결과를 통계적 자료로 활용이 가능하다.

2.2 시작해볼까요?

구글 사이트 오른쪽 상단의 구글 앱을 클릭하여 [드라이브]를 선택한다. 드라이브 창에서 [새로 만들기]-[더보기]-[구글 설문지]를 클릭하면 구글 설문지 메인 창으로 쉽게 들어갈 수 있다.

구글 설문지 시작하기

2.3 자세히 알아볼까요?

2.3.1 템플릿 갤러리 활용

[설문지 홈]-[템플릿 갤러리]를 클릭하여 템플릿 갤러리를 방문해 보자. 개인, 업무, 교육 등 다양한 설문지 템플릿을 제공하기 때문에 설문지를 처음 만드는 사람도 유용하게 활용할 수 있으며, 기존의 템플릿을 변형 및 수정하여 자신만의 설문지 템플릿을 독창적으로 만들 수 있다.

템플릿 갤러리

2.3.2 다양한 질문 유형 활용하기

구글 설문지에는 단답형, 장문형, 객관식, 체크박스, 드롭다운, 파일 업로드, 선형 배율, 객관식 그리드, 체크박스 그리드, 날짜, 시간과 같은 다양한 질문 유형이 있다.

질문 유형 선택

[단답형] 질문은 이름, 학번 등 짧은 답변을 입력하기에 유용하며, [장문형] 질문은 서술형 또는 논술형 질문처럼 학생들이 생각, 가치, 의견 등 상세한 답변을 입력할 때 유용하게 활용할 수 있다.

[단답형] 질문과 [장문형] 질문 만들기

[객관식 질문]은 여러 가지 옵션 중 하나를 선택할 때 활용할 수 있으며 [체크박스] 질문은 여러 가지 옵션 중 다중의 옵션을 선택할 때 활용할 수 있다.

[객관식 질문]과 [체크박스] 질문 만들기

[드롭다운]은 객관식 질문처럼 여러 가지 옵션 중 하나를 선택할 때 사용하는데, 학생들이 선택할 옵션(예: 학년, 반)이 많을 때 활용하기 좋다. [파일 업로드]는 학생들이 제출해야 할 사진, 동영상, 파일 등이 있을 때 활용할 수

있다. [선형 배율]은 주어진 질문에 대한 개인의 태도나 성향의 크기를 물어보는 리커르트 척도 형태의 문항을 사용한다. 자신의 생각, 감정, 느낌 등과 같이 언어로 표현하기 어려운 질문에 답변할 때 효과적으로 활용할 수 있다.

[드롭다운] 질문, [파일 업로드] 질문, [선형 배율] 질문 만들기

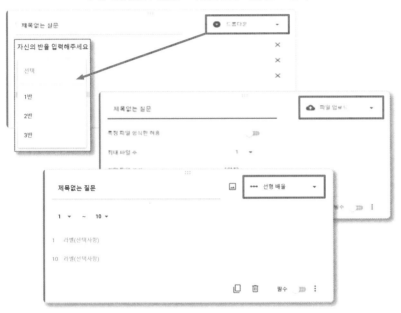

[객관식 그리드]는 주어진 질문에 대해 하나의 열당 하나의 답변을 선택할 수 있고, [체크박스 그리드]는 주어진 질문에 대해 하나의 열에 다중의 답변을 선택할 수 있다. [객관식 그리드]는 객관식 질문을 행렬로 배치한 것이며 객관식 질문과 같이 행렬로 배치된 여러 옵션 중 하나를 선택할 수 있다. [체크박스 그리드]는 행렬로 하나의 답변만 선택할 수 있는 객관식 그리드와 다르게 한 행렬에서 여러 개의 답변을 선택할 때 유용하게 활용할 수 있다.

[객관식 그리드]와 [체크박스 그리도] 만들기

[객관식 그리드]를 활용한 열당 두 개 이상 선택하면 안 되는 질문 만들기

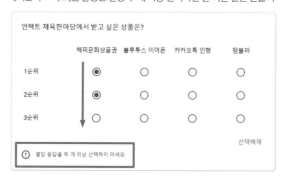

[객관식 그리드]를 활용하여 열당 응답을 두 개 이상 선택하면 안 되는 질문을 만들었을 경우, [메뉴]를 클릭하여 [1열당 응답을 1개로 제한]을 체크한다. 설정이 완료된 후 열당 응답을 두 개 이상 선택할 경우 '열당 응답을 두개 이상 선택하지 마세요' 안내 메시지가 자동으로 표시된다.

[객관식 그리드] 1열당 응답을 1개로 제한하기

[날짜]는 학생들의 생년월일, 방학 중 청소 날짜 등 특별한 날짜에 대한 정보를 알고 싶을 때 유용하게 활용할 수 있으며 [시간]은 등교 시간, 취침 시간 등 시간적 정보를 알고 싶을 때 활용할 수 있다.

[날짜]와 [시간] 만들기

2.3.3 기본 기능 바로 알기

구글 설문지 기본 기능

 질문을 추가할 수 있는 기능

 이전에 만들어 놓은 질문을 재사용할 수 있는 기능

 제목 및 설명을 추가할 수 있는 기능

 설문지에 이미지를 추가할 수 있는 기능

 설문지에 동영상을 추가할 수 있는 기능

하나의 설문에 여러 하위 범주가 있을 때 섹션을 구분하는 기능

활용 Tip 섹션 나누기 기능 활용 팁

1. 학생들의 학년, 반, 번호, 이름 등 기본적인 항목들은 하나의 섹션으로 구분하여 만들면 학생들이 설문지를 작성하는 데 용이하고 교사들이 설문 결과를 효과적으로 파악할 수 있다. 다음 상단 그림에서 볼 수 있듯이, 교사는 질문의 범주에 따라 섹션을 나눈다. 학생들이 볼 때는 오른쪽 그림처럼 페이지가 나눠져 보인다.

섹션을 구분한 설문지를 보는 관점

2. 질문 만들 때 이미지 또는 동영상 활용

이미지 추가하기

이미지 삽입은 업로드, 카메라, URL사용, 구글 드라이브, 구글 이미지 검색을 활용하여 할 수 있다. 한편, 동영상 추가는 유튜브와 연계하여 제목 및 키워드 검색 또는 URL 입력 방법으로만 가능하다. 설문지의 활용도를 높이기 위해서는 유튜브 채널을 함께 운영하면 좋다.

구글 설문지에 동영상을 추가하는 방법은 왼쪽 메뉴바에서 비디오 모양의 아이콘을 클릭한 후 제목 및 키워드로 원하는 영상을 검색한 후, 영상을 골라 [선택]을 클릭하면 된다.

설문지에 동영상 추가하기

이미지와 동영상을 활용하여 만든 질문 사례

3. 필수 질문으로 설정하기

필수 질문 설정하는 방법

필수 질문으로 설정할 경우, 필수 질문에 답변하지 않으면 다음 질문으로 넘어갈 수 없다. 이름, 학번 등 응답이 반드시 필요한 질문에 [필수 질문]으로 체크하면 학생들이 실수로 기입을 놓치는 걸 방지할 수 있다.

2.3.4 테마 맞춤설정

테마 맞춤설정 기능 안에는 머리글 변경, 테마 색상, 배경 색상, 글꼴 스타일(기본, 장식용, 격식, 경쾌함)을 변경할 수 있는 기능이 있으므로 다른 사람과 차별화된 나만의 설문지를 디자인할 수 있다. [테마 옵션]에서 [머리글] 부분의 [이미지 선택]을 선택하면 머리글을 변경할 수 있다. 기존에 제공된 다양한 테마에서 선택하거나 자신이 원하는 이미지를 업로드하여 변경할 수 있다.

테마 맞춤설정 중 머리글 변경하기

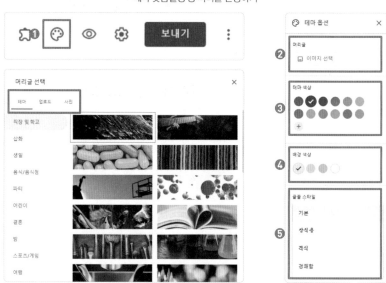

[테마 색상]과 [배경 색상]을 활용하여 설문지의 테마 및 배경 색상을 변경할 수 있고, [글꼴 스타일]에서 기본, 장식용, 격식, 경쾌함 중 하나를 선택하여 디자인할 수 있다.

테마 맞춤설정을 활용한 나만의 이미지 선택

2.3.5 부가기능 활용

부가기능 설치 및 확인하기

부가기능은 [메뉴]-[부가기능]-[apps 검색]을 통해 원하는 부가기능을 설치한 후 사용할 수 있다. 주로 많이 활용하는 부가기능은 QR Code Generator(QR코드 만들기), Choice Elimininator2(설정한 응답 수에 도달하면

선택 항목이 자동으로 없어지는 기능), FormLimiter(설문지 응답 수 및 응답 마감 날짜 설정), Quilgo(설문지 작성 시 타이머 활용) 등이 있다. 부가기능은 무료와 유료 버전이 있으므로 자세히 확인하여 자신에게 필요한 부가기능을 설치하여 활용하길 바란다.

2.3.6 미리보기

구글 설문지 미리보기

설문지 미리보기 기능을 통해 설문지 작성이 원하는 대로 진행되고 있는지 수시로 확인할 수 있다. 응답자의 시선에서 설문지를 볼 수 있기에 설문지 수정 및 검토에 유용하게 활용할 수 있다.

2.3.7 설문지 배포

설문지 작성 완료 후 배포하기

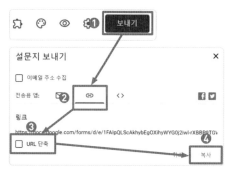

설문지 작성이 완료되면 응답자에게 이메일 또는 URL을 통해 배포할 수

있다. [보내기]-[링크]-[URL단축]-[복사]를 통해 설문지 URL를 응답자에게 쉽게 제공할 수 있으며 URL 주소를 독창적이면서 소통하기 쉽게 만들고 싶다면 URL을 단축 주소로 만드는 서비스[2]를 활용하면 좋다.

2.3.8 설정 활용

일반 설정 활용하기

[설정]-[일반]을 통해 이메일 주소 수집, 로그인 필요, 응답자가 수행할 수 있는 작업, 업로드되는 모든 파일의 최대 크기 등을 설정할 수 있다. 이 중

에서 [로그인 필요]-[응답 횟수 1회로 제한]을 체크하면 설문지 응답을 위해서는 반드시 로그인해야 한다. 반대로 이 항목에 체크하지 않을 경우, 구글 로그인 없이 누구나 설문지에 응답할 수 있다. 또한 Google Workspace 계정을 구축하여 운영하는 학교에서는 [응답 횟수 1회로 제한]을 체크하여 학생들에게 설문지를 배포하는 것이 보안 측면에서 효과적이다. 또한 학생들에게 사진, 동영상, 파일 등을 받아야 할 경우, 설문지에 [파일 업로드] 유형을 활용하여 파일의 최대 크기를 여유롭게 설정해 놓는 것이 좋다.

프레젠테이션 설정 활용하기

[설정]-[프레젠테이션]을 통해 다양하게 설정할 수 있다. 그중에서 [질문 순서 무작위로 섞기]를 체크하면 설문지에 있는 질문 순서가 무작위로 섞이면서 응답자마다 보는 설문지의 문항 순서가 달라진다. 또한 [확인 메시지]를 활용하여 설문 응답이 완료되면 응답자에게 전할 메시지 또는 동영상 URL을 입력할 수 있다.

설정에서 퀴즈 기능 활성화하기

설문지 퀴즈 기능을 활성화하기 위해서는 [설정]-[퀴즈]-[퀴즈로 만들기]를 체크하면 퀴즈 기능이 자동으로 활성화된다.

퀴즈 옵션 설정하기

[Chromebook의 잠금 모드]는 응답자가 퀴즈를 푸는 동안 탭 또는 다른 앱을 사용할 없도록 잠그는 기능이지만 일괄적으로 크롬북을 사용하는 학교에서만 사용할 수 있다. 또한 [성적 공개] 설정을 통해 설문지 제출 후 성적 공개방식에 대해 결정할 수 있으며 응답자가 볼 수 있는 항목(틀린 문제, 정답, 점수)을 설문의 성격에 따라 설정할 수 있다.

설문지 퀴즈 기능은 퀴즈를 만들어 활성화한 후 해당 질문에서 [답안]-[점수]를 체크하여 해당 질문에 원하는 점수를 부여하면 된다. 점수를 부여한 후 [답변 관련 의견 추가]를 클릭하여 [잘못된 답변] 또는 [정답]에 필요한 메시지를 입력 후 [저장]을 클릭하면 퀴즈 기능을 효율적으로 활용할 수 있다.

퀴즈 기능의 다양한 설정

2.3.9 공동작업자 추가

공동작업자 추가하기

구글 문서, 구글 프레젠테이션, 구글 스프레드시트 등의 가장 큰 장점은 공동 작업을 통한 협업 능력을 극대화할 수 있다는 점이다. 구글 설문지도 동일하게 공동작업자를 추가하여 협업으로 설문지를 만들 수 있다. 교사 간의 협업뿐만 아니라 학생 간의 협업으로 직접 설문지를 만드는 학습 활동도 가능하다.

2.3.10 답변을 기준으로 섹션을 이동

[메뉴]-[답변을 기준으로 섹션 이동]을 클릭하여 질문 답변에 따라 다르게 섹션 이동이 될 수 있도록 설정할 수 있다. 예를 들어 다음 그림에서 '예'라고 답하면 다음 섹션으로 이동하고 '아니오'라고 답하면 설문지를 제출하도록 하는 것이다. 이렇게 답변을 기준으로 다른 섹션으로 이동하게 만들기 위해선 이동 가능한 섹션을 만들어 놓는 것이 중요하다.

답변을 기준으로 섹션 이동하기

2.3.11 설문지에 비밀번호 설정

설문지에 비밀번호를 설정하여 동시에 시작하기

구글 설문지를 평가에 활용할 때 비밀번호 설정은 유용하게 활용할 수 있다. [메뉴]-[응답 확인]-[숫자]-[같음]-[비밀번호 설정]-[오류 시 메시지 입력]-[필수 질문 체크] 순서대로 설정한 후 응답자들에게 설정한 코드 번호를 알려주면 설문지를 동시에 시작할 수 있다. 반대로 응답자들이 코드 번호를 입력하지 않으면 설문을 진행할 수 없다.

2.3.12 응답 결과 확인

구글 설문지 화면 상단에 있는 [응답] 탭을 클릭하면 응답 결과를 확인할 수 있다. 또한 응답을 그만 받기를 원한다면 구글 설문지에서 [응답을 받지 않음]을 체크하여, 응답자들이 더 이상 응답하지 못하도록 한다. 이 경우, 설문지는 자동으로 종료된다.

응답 결과 확인 및 응답 중지 설정

설문지 응답 결과는 스프레드시트로 확인할 수 있다. 다음 그림처럼 초록색 아이콘을 클릭하면 팝업창이 나타난다. [스프레드시트]-[새 스프레드시트 만들기]를 클릭하면 응답 결과를 바탕으로 스프레드시트가 만들어진다. 이렇게 만들어진 스프레드시트에는 응답 결과 데이터가 있고, 이를 통해 통계 분석이 가능하다.

응답 결과 스프레드시트와 연계하기

구글 설문지 외에도 네이버 설문지, MS 설문지 등 많은 설문지가 있다. 자신이 가장 편하게 사용할 수 있는 서비스가 가장 좋은 도구라고 할 수 있다. 어떤 설문지가 좋은지 고민하면서 다양한 설문지를 사용하는 것보다 하나의 설문지를 선택하여 그 안에 숨어있는 다양한 기능을 사용하여 수업에 활용한다면 학생들과 소통하는 데 도움이 되는 유용한 학습 도구가 될 것이다.

참고 | 구글 설문지 만들기 참고 영상

3. 플리커스: 학생과 교사가 모두 받는 즉석 피드백

- 필요한 계정: 이메일 계정으로 가입, 구글 계정 자동 연동 가능
- 접근 방법: 플리커스 웹 사이트(www.plickers.com)
- 권장 사항: 크롬 브라우저로 접속하기를 권장한다.

3.1 무엇을 할 수 있나요?

플리커스(Plickers)는 학생의 디지털 기기나 교실의 WiFi가 필요 없는 도구이므로, 적용 범위가 넓다. 교사의 컴퓨터와 스마트 기기(휴대폰 등)만으로도 진행할 수 있다. 교사는 교사의 컴퓨터에 연결된 교실 화면에서 퀴즈 문항을 제시한다. 학생들은 교사가 나눠주는 개인 QR 코드로 교사가 제시하는 퀴즈에 답할 수 있다. 교사는 자신의 스마트 기기로 학생들의 QR 코드 응답을 스캔한다. 그 결과 교사와 학생 모두 피드백을 즉시 받을 수 있다.

플리커스의 또 다른 장점은 교사와 학생 모두에게 주어지는 즉각적 피드백

이다. 교사는 학생들이 수업 내용을 이해하고 있는지를 퀴즈를 통해 즉시 판단할 수 있으며, 그 결과를 확인하여 학생들이 어려워하는 부분이나 오개념을 즉시 수정할 수 있다. 학생의 입장에서는 자신의 정오답 여부를 주변 친구들이 알 수 없으므로 불안감이 감소하여 수업 참여도가 높아진다. 문제를 통해 즉시 확인해 보는 경험은 기억력을 높이는 데 도움이 된다.

플리커스는 데이터 처리의 측면에서도 효율적이다. 수업을 진행하는 과정을 실시간으로 확인할 수 있다. 교사 계정에 축적되는 학생들의 응답 데이터는 플리커스 화면에서 한 눈에 확인할 수 있다. 또한 학기가 끝난 후 전체 데이터를 엑셀 파일로 내려받기하여 과정형 평가로 활용할 수도 있다. 교사의 디지털 도구만으로 학생들의 참여를 바로 파악할 수 있는 도구이다. 학생들이 수업 내용을 이해하고 있는지를 퀴즈를 통해 평가할 수 있으며, 결과를 확인하여 어려워하는 부분이나 오개념 수정이 가능하다. 수업 중 꾸준히 데이터를 축적하여 과정형 평가의 항목으로 활용할 수 있다. 또한 학생들의 의견 수렴이나 수업 흥미도 향상을 위한 퀴즈를 통한 동기유발의 도구로 사용할 수도 있다. 이런 전체적 과정을 실시간으로 확인 가능하며, 통계 처리가 간편하여 활용도가 높은 도구이다.

참고 **플리커스 진행 참고 영상**

3.2 시작해볼까요?

플리커스를 이용하여 수업하는 전체적 절차는 다음과 같다.

플리커스 수업 준비 및 진행 절차

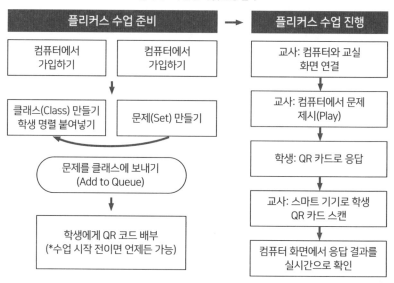

플리커스 수업을 위한 준비 과정을 살펴보자. 교사는 컴퓨터에서 회원가입한다(①). 스마트 기기(Android 또는 iOS)에 플리커스 앱을 설치하여 회원가입한 계정으로 로그인한다(②). 학생들에게 개별 QR 코드를 나누어 준다(③). 이 QR 카드는 홈페이지에서 제공되어 쉽게 출력할 수 있는데, 자세한 설명은 이어지는 내용에서 설명하겠다.

플리커스 시작하기

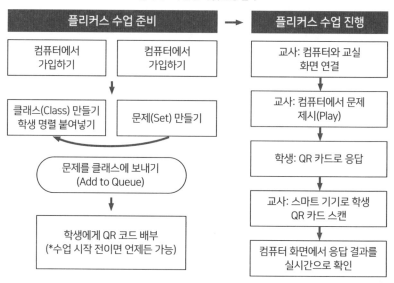

이제 플리커스를 활용한 수업을 시작할 준비가 되었다. 다음으로 플리커스에서 클래스와 퀴즈를 만드는 방법을 알아보자.

3.3 자세히 알아볼까요?

3.3.1 클래스 만들기

플리커스를 수업에 이용하기 위해서는 우선 클래스를 만들어야 한다. [New Class]를 클릭하여 새 클래스를 추가해 보자. 한번에 8개의 클래스를 만들 수 있다. 클래스 이름을 다 쓴 후 아래에 있는 [Create Classes]를 클릭한다. 다음 화면에서 [Add Students]로 학생들을 추가한다. 엑셀 파일 등 정리된 한 학급의 명렬을 한번에 복사하여 붙여 넣기하면 된다.

클래스 만들기

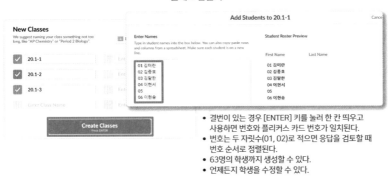

- 결번이 있는 경우 [ENTER] 키를 눌러 한 칸 띄우고 사용하면 번호와 플리커스 카드 번호가 일치된다.
- 번호는 두 자릿수(01, 02)로 적으면 응답을 검토할 때 번호 순서로 정렬된다.
- 63명의 학생까지 생성할 수 있다.
- 언제든지 학생을 수정할 수 있다.

 구글 클래스룸을 사용하는 경우 클래스룸에 등록된 반과 사용자를 바로 가져올 수 있지만, 카드 번호가 학생의 번호가 일치하지 않아 하나씩 수정해야 하는 경우도 있다.

3.3.2 문제 만들기

플리커스에서 클래스를 만들었다면 이제 학생들에게 제시할 문제를 만들어 보자. 퀴즈나 문제는 플리커스에서 'Set(세트)'라는 이름으로 통한다. 하나의 세트는 하나의 파워포인트 파일의 형태와 비슷하다고 볼 수 있다. 파워포인트 파일에 여러 슬라이드가 있듯이, 하나의 플리커스 세트에 여러 슬라이드가 생성된다. 무료로 사용할 경우, 한 세트에서 5개의 슬라이드, 즉 5문항까지 만들 수 있다. 유료의 경우 하나의 세트에 추가할 수 있는 슬라이드 수에는 제한이 없다. 무료 버전일 경우에도 만들 수 있는 세트의 수에는 제한이 없다.

페이지 상단의 [New Set], [Your Library] 또는 [New Pack]을 클릭한 후 문제 세트를 만들 수 있다. [Pack]-[Folder]-[Set]의 순서로 문제들을 정리하여 보관할 수 있다. [Pack]과 [Folder]는 동일한 방식인데, [Pack]은 고유 URL을 만들어 다른 사람과 공유할 수 있다.

콘텐츠 만들기

[Set]를 클릭하여 문제를 만들어 보자. 다음 그림과 같이 파워포인트의 인터페이스와 유사하다. 하나의 슬라이드에 하나의 문제를 만들 수 있다. 각 문제는 텍스트나 이미지로 제시할 수 있다. 수학문제와 같이 텍스트로 타이핑하기 힘든 경우 사진을 찍어 오른쪽에 있는 이미지 삽입 버튼을 활용해 제시해보자. 문제를 추가하기 위해서는 왼쪽 상단에 있는 [+] 버튼을 클릭하면 된다. 선택지는 2~4개까지 가능하다.

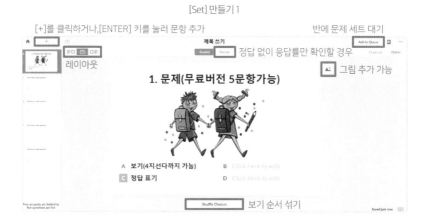

[Set] 만들기 1

[Set] 만들기 2

문제를 직접 입력하지 않고, 텍스트 파일에 있는 문제를 복사하여 붙여 넣을 수도 있다. 슬라이드를 추가하는 [+] 버튼 옆에 있는 [Import] 버튼을 클릭하면 다음 그림처럼 붙여 넣을 수 있는 팝업창이 나타난다.

문제를 편집하기 위해서는 오른쪽 상단의 [⋯](더보기) 버튼을 클릭하여 복사, 이동, 휴지통으로 보내기 등을 이용할 수 있다. 또한 오른쪽 상단의 인쇄 버튼을 클릭하여 유인물로 활용할 수도 있다.

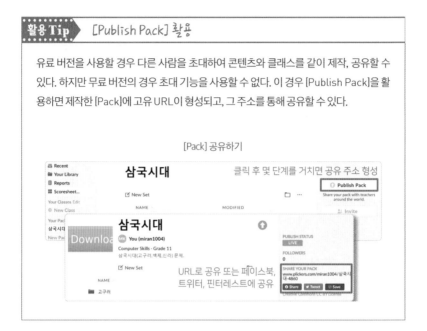

활용 Tip [Publish Pack] 활용

유료 버전을 사용할 경우 다른 사람을 초대하여 콘텐츠와 클래스를 같이 제작, 공유할 수 있다. 하지만 무료 버전의 경우 초대 기능을 사용할 수 없다. 이 경우 [Publish Pack]을 활용하면 제작한 [Pack]에 고유 URL이 형성되고, 그 주소를 통해 공유할 수 있다.

[Pack] 공유하기

3.3.3 수업 진행하기

클래스와 문제를 만들었으면 이제 수업을 진행하는 방법을 알아보자. 수업을 진행하기 위해서는 제작한 문제를 각 클래스로 보내야 한다. 이 과정은 오프라인 상황에서 학습지를 만든 다음 학생 수만큼 복사하여 교실로 가져가는 과정과 같다고 보면 된다. 다만, 온라인 상황이므로 학생 수만큼 복사할 필요가 없고 각 클래스에 문제를 보내놓으면 된다.

플리커스에서는 클래스에 문제를 추가([ADD])하거나, 문제(SET)에 클래스를 추가([Add to Queue, 줄 세우기]) 하는 두 가지 방법이 있다. 그 방법은 다음과 같다(모바일 기기의 플리커스 앱에서도 추가할 수 있다).

클래스 대기열에 문제 추가하기

[Class]에 콘텐츠 추가하기   [Set]에 반 추가하기

이제 교실에 와서 수업을 진행할 차례다. 플리커스에서 수업을 진행하는 것은 [Play]라는 용어를 사용한다. 다음 그림(상단)과 같이 진행할 문제를 선택한 후 학급을 선택한다. 다음 화면에서 해당 문제가 해당 학급의 학생 명렬과 함께 화면에 나타난다. 이제 학생들이 문제에 응답할 준비가 된 것이다.

플리커스로 수업 진행하기

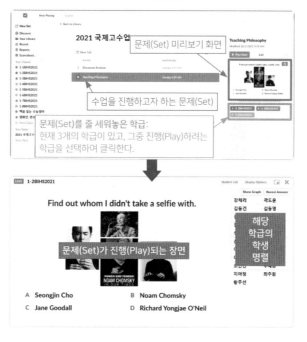

학생들이 문제에 응답하기 위해서는 각자 QR 카드를 가지고 있어야 한다. 카드를 나눠주는 과정은 수업을 진행하기 전이면 언제든 가능하다. 카드는 플리커스 홈페이지에서 내려받을 수 있다. 오른쪽 상단의 [Help]-[Get Plickers Cards]를 클릭하면 여러 종류의 카드를 출력할 수 있다. 기본형으로 제공되는 [Standard Set of Cards #1-40]를 선택하면 교실에서 사용하기에 가장 적합하다. 63번 학생까지 제공되는 확장판도 출력할 수 있으며 아마존(Amazon.com)에서 플라스틱 카드를 직접 구입할 수도 있다. 플리커스 카드를 어디에서 찾을지 기억나지 않는다면, '플리커스 카드'로 검색해도 쉽게 찾을 수 있다.

각 카드는 숫자 하나와 알파벳(A~D)이 적혀있다. 카드 위의 숫자는 학생들의 학번과 일치한다. 알파벳은 문제의 선택지 4가지 중 하나를 의미한다. 정답이 B라고 생각하는 학생은 카드의 B가 상단으로 가도록(다음 그림과 같이) 교사를 향해 들어주면 된다.

플리커스 카드

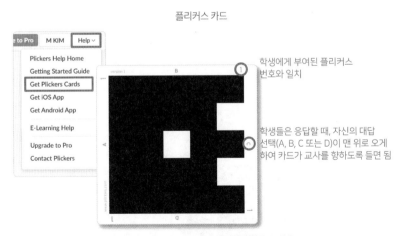

학생에게 부여된 플리커스 번호와 일치

학생들은 응답할 때, 자신의 대답 선택(A, B, C 또는 D)이 맨 위로 오게 하여 카드가 교사를 향하도록 들면 됨

- 카드를 코팅할 경우 반사가 되어 인식이 힘들 수 있음
- 인쇄하면 A4 용지에 2개의 카드가 나오게 인쇄해서 잘라야 하는데, 이때 정사각형으로 자르면 정답을 유추할 수 없어 공정성이 더 향상됨

URL: javalab.org/plickers/

사전에 미처 카드를 출력하지 못한 경우, 학생들의 휴대폰에서 카드를 생성할 수 있는 웹 페이지이다. 40번까지의 카드를 생성할 수 있다.

학생들과 함께 플리커스를 사용하기 위해서는 웹에서 [Now Playing]을 클릭한다. 페이지에 'Now Playing Ready'가 표시되면 모바일 앱에서 해당 클래스를 선택하고 플레이할 문제를 클릭한다. 앱 화면 하단의 파란색 원 아이콘을 눌러 학생 카드 스캔을 시작하는데, 학생들은 자신의 카드가 스캔되었는지 화면을 통해 확인할 수 있고, 교사는 앱 화면을 통해 학생의 이름과 정답 여부를 바로 확인할 수 있다. 물론 학생이 응답을 수정해야 할 경우 다시 카드를 스캔할 수 있고, 마지막에 스캔한 응답이 저장된다. 모든 학생의 응답을 스캔한 후 빨간색 버튼을 눌러 스캔을 중지하고, 이런 방식으로 준비된 문제에 대한 학생의 답을 스캔하면 된다. 스캔이 완료되면 앱 상단의 [X]를 클릭하여 완료한다. 완료 후 결과가 보고서 및 스코어시트에 동기화된다.

플리커스 카드 스캔하기

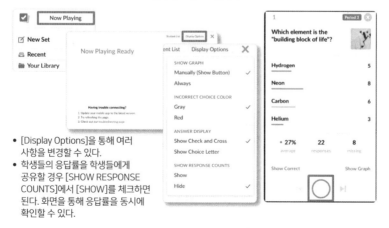

- [Display Options]을 통해 여러 사항을 변경할 수 있다.
- 학생들의 응답률을 학생들에게 공유할 경우 [SHOW RESPONSE COUNTS]에서 [SHOW]를 체크하면 된다. 화면을 통해 응답률을 동시에 확인할 수 있다.

참고 **E-Learning**

　　온라인 학습을 할 경우 학생들의 QR 카드를 스캔하기가 힘들다. 심지어 학생들에게 카드를 나눠줄 기회를 갖지 못할 수도 있다. 이런 상황에서 플리커스를 원격으로 활용하는 방법은 학생들에게 고유의 URL을 제공하는 것이다. 서로 다른 공간에 있는 학생들이 교사에게 부여받은 고유의 URL로 문제에 접속한다. 이렇게 접속한 학생들은 계정이나 암호 없이 실시간으로 교사가 제시한 문제에 응답할 수 있다. 또한 플리커스 카드와 링크를 통한 응답을 동시에 활용하는 Hybrid Mode(하이브리드)도 있다.

카드 없이 학생 개인 URL로 수업을 진행하려면, [Class]를 클릭한 후 나타나는 [E-Learning]의 설정을 클릭한다. [Turn on E-Learning for this class]를 클릭하면 개인 정보정책 동의를 거쳐 E-Learning을 활성화시킬 수 있다. 생성된 학생 개인 URL은 해당 학생에게 개별적으로 보내거나(다음 그림에서 [Individually send each student their link] 선택), 모든 학생의 링크를 클립보드에 한꺼번에 복사하여 채팅창 등을 통해 공유할 수 있다(다음 그림에서 [Bulk Copy all Students Links] 클릭).

플리커스 E-Learning Mode 활용하기 1

이와 같이 복사한 링크를 줌의 채팅창이나 팀즈 게시물 등에 붙여 넣어, 학생들에게 알려줄 수 있다. 그러면 학생들은 종이로 된 QR 카드 대신 개별 링크를 통해 플리커스에 응답할 수 있게 접속할 수 있다. 접속한 학생들은 교사가 학생들의 응답을 받기 시작할 때까지 대기한다. 교사가 모바일 앱을 통해 퀴즈를 클릭하면 드디어 학생의 컴퓨터 또는 스마트 기기에 문제가 나타난다. 교사가 카메라를 클릭하면 학생들은 자신의 답을 화면에 체크할 수 있으며, 같은 방식으로 제시된 퀴즈를 다 풀 수 있다. 교사는 [Graph]를 통해 정답률을 알 수 있으며, [Students]를 클릭하여 응답과 정답 여부를 바로 확인할 수 있다.

교사의 컴퓨터 화면 오른쪽 상단에는 다음 그림에서와 같이 [Cards]라는 메뉴가 보인다. 여기서 교실 수업([Cards Mode]), 원격 수업([E-learning Mode]) 혹은 혼합 수업([Hybrid Mode])을 선택할 수 있다. 원격 수업(E-learning Mode) 상황에서는 교사의 화면에 학생들의 명단에서 응답 여부와 정오답 여부를 함께 확인할 수 있다(다음 그림에서 '김말한' 학생 이름 앞에 빨간색 표시는 오답이라는 의미). 교실 수업(Cards Mode) 혹은 혼합 수업(Hybrid Mode)에서는 학생들의 명단에서 응답 여부만 확인(응답한 학생의 명단이 파란색으로 바뀜) 가능하고 정오답 여부는 표시되지 않는다.

플리커스 E-Learning Mode 활용하기 2

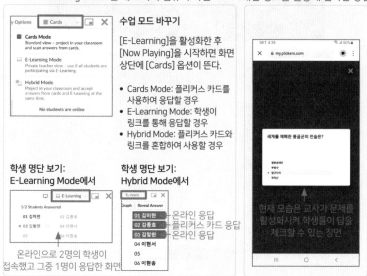

단, 하지만 학생이 가진 디바이스의 성능과 인터넷 속도 등의 차이로 시간차가 발생할 수 있음을 유의해야 한다.

3.3.4 결과 검토

교사가 스마트 기기로 학생들의 응답을 스캔하는 순간 학생들의 정답 여부가 즉시 확인된다.

학생 응답 스캔 화면

모든 학생의 응답이 끝나면 답변을 선택한 학생 수, 정답의 전체 비율, 응답 수가 스마트 기기에 즉시 표시된다. 다음 그림과 같이 스마트 기기의 하단의 오른쪽과 왼쪽에 있는 버튼을 클릭하면 해당 문항의 정답률과 개인별 정오답 여부를 확인할 수 있다.

스마트 기기에 표시되는 응답 데이터

교사의 컴퓨터에서는 더 자세한 데이터를 확인할 수 있다. [Reports]와 [Scoresheet] 메뉴에서 문제별, 학급별, 학생별 결과를 검토할 수 있다. 각 결과는 CSV 파일로 저장할 수 있으며 필요한 용도로 편집하여 사용할 수 있다(다음 그림의 오른쪽 상단에 있는 내려받기 버튼 클릭). 이렇게 개별 학생 또는 전체 학급에 대한 결과를 확인하고 학생들의 진도를 모니터링하며, 채점 시간을 절약할 수 있다.

교사의 컴퓨터에서 확인하는 데이터

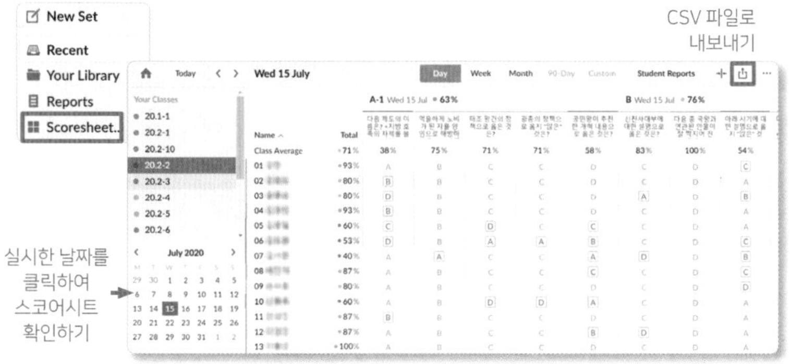

4. 녹음/녹화: 말로 하는 평가와 피드백

비대면 수업이 많아질수록 교사와 학생 간, 그리고 학생 사이의 상호작용의 기회가 적음을 안타까워하는 소리가 커진다. 이러한 점을 극복할 수 있는 방법 중 하나는 말을 서로 주고받는 것이다. 이때 녹음이나 녹화 기능을 활용한다. 스마트 기기가 보급화되면서 녹음할 수 있는 방법은 많아졌으나, 학교 구성원 사이에서 녹음 파일을 주고받기란 쉽지 않다. 이런 문제는 문서 프로그램이나 수업용 프로그램에 포함된 녹음/녹화 기능을 활용하면 손쉽게 해결된다. 이어지는 내용에서 살펴보자.

4.1 무엇을 할 수 있나요?

스마트 기기나 문서 도구의 녹음/녹화 기능을 활용하여 실시간 말하기 평가를 실시하면 좀 더 공정하고 신뢰도 높은 평가가 이루어질 수 있다. 기존의 현장 발표식 말하기 평가에서 발생하는 문제점(평가에 필요한 수업 시간 확보, 공동 채점의 어려움, 평가 순서에 따른 시간차로 인한 평가 유불리 등)이 해결될 수 있다. 이 기능을 활용해 상담이나 피드백 제공도 할 수 있다.

4.2 시작해볼까요?

워드, 원노트, 파워포인트 등의 프로그램에 포함된 녹음/녹화 기능을 활용할 수 있다. 또는 별도의 녹음 서비스를 제공하는 플랫폼과 학습관리시스템을 적절히 조합하여 진행할 수도 있다. 이런 기능을 활용해 말하기 평가를 할 경우 미리 공지된 수업 시간 내에 학생들이 각자의 스마트 기기와 이어폰을 가지고 실시간으로 말하기 내용을 녹음/녹화한 후 그 파일을 교사에게 이메일로 전송하거나 공유 드라이브에 업로드, 혹은 구글 클래스룸과 같은 LMS에서 과제로 제출하면 된다.

4.3 자세히 알아볼까요?

스마트 기기가 보편화된 요즘에는 오디오 음성 파일이나 동영상 녹화 파일을 만드는 방법이 매우 간단하기 때문에 따로 학생들에게 사용법을 가르칠 필요는 없다(다만, 용량이 너무 커서 전송이나 업로드가 안 되는 경우가 발생할 수 있으므로 동영상 녹화 시 화질이나 해상도를 줄일 것을 안내해야 한다). PC도 자체 음성 녹음기 프로그램이 있고, 보카루(vocaroo.com)와 같은 음성 녹음 서비스를 제공하는 사이트들도 있으며, 스마트폰이나 태블릿 PC에도 기본 녹음 앱이 설치되어 있기 때문에 간단하게 음성을 녹음하여 오디오 파일을 만들 수 있다. 동영상은 스마트 기기의 카메라 앱을 활용하면 금방 만들 수 있다. 다만 교사는 정해진 평가 시간 내에 학생들이 만든 파일을 제대로 제출했는지를 확인해야 하므로 이메일이나 공유 드라이브로 파일을 받을 경우, 제목의 형식을 지정하여 안내해야 한다. 되도록이면 파일 제출 여부 확인의 신속성, 채점기준표를 활용한 채점의 편리성, 댓글을 활용한 피드백의 용이성 등의 측면에서 구글 클래스룸과 같은 LMS 사용을 권장한다.

구글 클래스룸을 활용한 말하기 평가(녹화 파일 제출)

만약 원노트를 사용하는 교사이고, 학생들이 1인 1 PC의 환경이라면 학생들과 전자필기장을 공유한 후 학생들에게 정해진 페이지에 들어와서 [삽입]-[오디오 녹음]이나 [비디오 녹화] 메뉴를 이용해 실시간 말하기 평가를 하도록 할 수 있다. MS 팀즈를 사용하는 학교라면 [수업용 전자필기장]이 바로 이 원노트이다. 여기에 있는 [오디오 녹음] 기능을 활용하면 말하기 평가, 오디오를 이용한 상담이나 피드백 제공 등을 효과적으로 진행할 수 있다.

원노트를 이용한 말하기 평가(녹음 파일 제출)

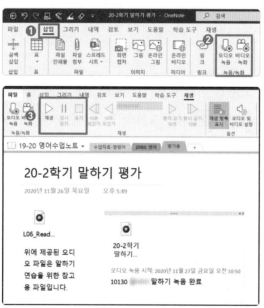

> **활용 Tip**   사소한데 쓸만한 원노트와 구글 프레젠테이션 팁

원노트

• 원노트는 버전이 몇 가지 있고 그 버전에 따라 제공하는 기능이 다소 차이가 있는데, 오디오 녹음 기능은 OneNote for Windows10, OneNote Desktop App, 웹 버전 onenote.com에서는 제공되나 모바일 앱 버전에서는 지원되지 않는다.

• 비디오 녹화 기능을 이용한 말하기 평가도 가능한데, 이 기능은 OneNote Desktop app 에서만 지원된다.

구글 프레젠테이션

• 구글 도구 중에는 구글 프레젠테이션을 이용해서 말하기 평가 장면을 바로 녹화하고 제출하는 것이 가능한데, 이를 위해서는 구글 확장 프로그램 중 "Record to Slides"를 크롬에 추가해야 한다. 프레젠테이션 문서 상단 오른쪽에 생성된 카메라 모양 버튼을 눌러 녹화하고, 녹화가 완료되면 해당 파일은 자신의 구글 드라이브에 자동 저장되며, 몇 초 후 슬라이드에 바로 녹화된 파일이 삽입된다.

Record to Slides 참고 영상

Record to Slides를 활용한 동영상 녹화

• 녹화 기능을 활용하여 온라인 활동지에 교사의 안내 영상이나 간단한 수업 영상을 삽입하면 수업 진행에 유용하다.

그 외에도 보카루(vocaroo.com) 사이트를 활용하여 학생들이 말하기 녹음을 한 후 해당 링크를 복사하여 구글 클래스룸 과제에서 링크를 제출하거나 구글 슬라이드에 링크를 삽입하는 방법도 있다. 단, 보카루에 녹음된 파일은 15일 후 자동으로 삭제된다.

보카루를 활용한 말하기 평가(링크 제출)

Vocaroo 시작 화면:
로그인이나 개인 인증 없이 음성 녹음 가능

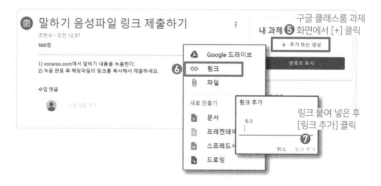

5. 받아쓰기: 말을 글로 바꿔 전달하기

5.1 무엇을 할 수 있나요?

음성을 바로 텍스트로 바꿔주는 Speech to Text를 이용한 도구가 있다. 이를 활용하여 학생들에게 개인 상담 내용을 전달하거나 장시간의 상담 기록을 남겨야 할 때, 회의록을 작성해야 할 때, 동영상의 음성을 텍스트(자막)로 변경할 때, 긴 이메일을 작성할 때 등 장문의 글을 옮기거나 적어야 할 경우 타이핑 없이 텍스트를 만들 수 있다. 학교나 직장에서 각종 회의를 하고 나면 회의록을 작성해야 하는데 이때 스마트폰이나 노트북을 회의장에 가지고 들어가서 실시간 받아쓰기 앱이나 Speech to Text 도구들을 실행시켜 놓으면 나중에 회의록을 작성할 때 매우 편리하다.

5.2 시작해볼까요?

먼저 구글 문서를 활용하는 방법을 살펴보자. 크롬 브라우저에서 구글 문서를 하나 만들고 [도구]-[음성 입력([Ctrl]+[Shift]+[S])]을 클릭한다(구글 문서 만드는 법은 Chapter 4 참고, [내 드라이브]-[+ 새로 만들기]-[Google 문서]-[빈 문서]). 마이크 상자가 표시되고 말할 준비가 되면 마이크를 클릭하고 적절한 소리 크기와 속도로 명확하게 말한 후 완료되면 마이크를 다시 클릭한다. 아직까지 완전하게 변환되지는 않으므로 약간의 수정이 필요하다는 것을 잊지 말자.

구글 문서의 실시간 받아쓰기 기능

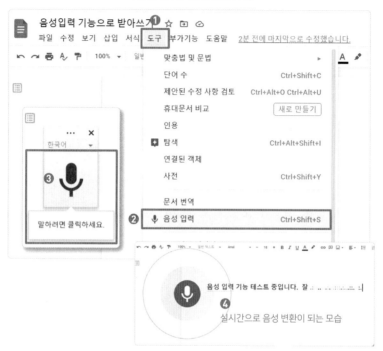

실시간으로 음성 변환이 되는 모습

활용 Tip   *음성 활용 기술*

MS 워드 문서에도 [홈]-[받아쓰기] 메뉴에 실시간 받아쓰기 기능이 있다. 구글 확장프로그램 중 'VoiceNote II'를 이용하면 받아쓰기 중 문장부호 삽입이 편리하다.

MS 워드와 구글 문서에서는 유튜브 동영상의 음성을 받아쓰는 것도 가능하다. 간혹 마이크가 소리를 인식하지 못하는 경우, 윈도우 하단 오른쪽의 스피커 모양을 마우스 오른쪽 클릭하여, [소리]-[스테레오 믹스] 사용으로 변경한다. 그런 다음, [소리 설정 열기]-[입력장치]에서 스테레오 믹스로 전환한 후 시도해보자.

5.3 자세히 알아볼까요?

받아쓰기 기능을 지원하는 모바일 앱들도 굉장히 다양하다. 메시지 앱, 카카오톡 채팅창, 구글 Keep 메모 등에서 키패드를 활성화하면 마이크 모양이 보이는데, 그것을 누르면 말하는 음성이 텍스트로 받아쓰기가 된다. 좀더 Speech to Text Technology가 특화된 앱을 찾는다면 플레이스토어에서 "live transcribe(음성 자막 변환 및 소리 알림)" 앱을 설치해서 사용해 보자.

안드로이드 모바일 앱에서의 받아쓰기 기능

마지막으로 Speech to Text Technology 서비스를 로그인이나 회원가입 없이 제공하는 온라인 사이트 dictation.io를 소개한다. 온라인상에서 바로 글자 편집, 복사, 저장, 프린트, 이메일 발송 등이 가능하고 TTS(Text to Speech) 기능도 제공하여, 받아쓰기한 텍스트를 음성 파일로 전환하므로 여러모로 편리하게 활용할 수 있다.

실시간 받아쓰기 사이트(dictation.io)

학생들과 상담할 때도 받아쓰기 도구들을 적절하게 활용하면 상담 내용을 자동으로 문서화할 수 있어 추후 상담 일지를 기록하거나 상담 내용을 상기할 때 도움이 된다. 또 외국어 학습에서는 자신의 발음을 스스로 체크하고 연습하는 데 이 받아쓰기 기능을 활용할 수 있다. 일상생활에서 스쳐 지나가듯 떠오르는 생각이나 아이디어를 손으로 메모하는 것이 어려울 때도 이 도구들을 사용한다면 작업할 수 있는 일의 범위가 한 단계 더 확장될 것이다.

6. 자가 진단: 행복한 가르침과 배움

6.1 교사: 자기효능감(Self-efficacy) 진단

21세기에 사라질 직업군에 교사가 종종 포함된다. 엄청난 속도의 기술 발달과 넘쳐나는 정보, 전 세계의 우수한 강의에 접근이 쉬워진다는 사실 때문이다. 그러나, 아무런 도움 없이 정보를 찾아 스스로 공부한다는 것은 성숙한 성인 학습자일지라도 쉬운 일이 아니다. 이것은 대규모 온라인 공개 강의인 무크(MOOC) 수업을 끝까지 완료하는 학생들의 비율이 10% 안팎인 것을 보면 알 수 있다(Reich & Ruipérez-Valiente, 2019). 미성숙한 학생들의 교육을 위해서는 면 대 면 교수 학습이 필수라고 생각한다. 이에 21세기에 교사라는 직업 자체가 사라진다고 여기기보다는 교육의 모습과 교사의 역할에 변화가 있을 것이며, 이러한 변화를 교사가 주도하는 것이 바람직하다고 본다. 빠르게 변한 교육 환경과 기술 때문에 좌절하기보다 잠시 멈춰 수업을 돌아보고 변화에 적응하기 위해 필요한 것이 무엇인지 생각해 보자.

다음 표를 보자. 왼쪽의 질문은 교사들이 학교 활동에서 겪을 수 있는 어려움을 포함하고 있다. 자아효능감에 영향을 미치는 요소들이다. 각 항목과 관련하여 오른쪽에 있는 디지털 도구의 도움을 참고하여 수업을 디자인해 보자.

교사의 자아효능감을 알아보는 질문과 활용할 수 있는
디지털 도구(Tschannen-Mora, 2001에서 발췌 및 수정[3])

	자아효능감	디지털 도구 활용법
1	학생들에게 수업에서 달성해야 하는 목표를 명확히 전달할 수 있나요?	최종 결과물의 예를 보여주기, 루브릭(Chapter 5의 1) 안내하기
2	학생들이 학습내용을 얼마나 이해하고 있는지 파악할 수 있나요?	학생들의 참여와 즉각 피드백이 가능한 도구(플리커스 등) 활용하기 (Chapter5의 2~4)
3	학급의 상황이나 수준에 따라 서로 다른 수업 운영 방식을 적용할 수 있나요?	학생들의 상황과 필요 파악하기: 구글 설문지 활용(Chapter 5의 2)
4	학생들이 잘 이해하지 못할 때 수업 전략을 바꾸어 진행할 수 있나요?	지식 전달의 다양한 방법 활용 (Chapter 2)
5	매우 잘 하는 학생들이 할 수 있는 도전과제가 있나요?	창의력을 활용한 제작 도구 (Chapter 4)
6	수업을 잘 따라하지 못하는 학생들을 돕는 전략이 있나요?	지식 암기(Chapter 2의 4)
7	학생이 어려운 질문을 할 때 얼마나 잘 응대할 수 있나요?	유비쿼터스 질문 시스템, 멘티미터 활용하기(Chapter3의 1)
8	학생의 생각을 자극하는 좋은 질문을 잘 만들 수 있나요?	학생들과 함께 질문 만들어가기 멘티미터(Chapter 3의 1)
9	다양한 평가 전략을 가지고 있나요?	클래스카드(Chapter 2의 4), 에드퍼즐(Chapter 2의 3), H5P(Chapter 2의 5), 플리커스(Chapter 5의 3), 플립그리드(Chapter 3의 5)
10	학교 공부에 흥미가 없는 학생들에게 학업에 대한 동기를 갖도록 도와주는 방법이 있나요?	학생들의 목소리에 귀 기울이기 (Chapter 3. Chapter 5의 4), 기초지식 습득 돕기 클래스카드(Chapter 2의 4)

---

3 Tschannen-Moran, M., & Hoy, A. W. (2001). Teacher efficacy: Capturing an elusive construct. Teaching and Teacher Education, 17(7), 783-805.(http://doi.org/10.1016/S0742-051X(01)00036-1)

11	학교 공부를 잘하고 싶어하는 학생들에게 자신감을 심어주기 위해서 어떻게 할 수 있나요?	활동을 작게 나누기, 모두가 성공하는 기쁨을 줄 것, 퀴즈 등(Chapter 2의 4)에서 여러 번 도전하는 것을 가능하도록 세팅할 것, Grit 점수(도전 독려)
12	세상을 살아가기 위해 '배움'이라는 것이 중요하다는 것을 깨달을 수 있도록 할 수 있나요?	영상 플랫폼(Chapter 2의 2~3) 활용하기: 배움이 실생활에 어떻게 활용되는지 보여줄 것
13	수업을 진행하는 자신만의 순서가 있으며 그 순서를 학생들이 잘 알고 따르나요?	마인드맵, 구글 설문지: 규칙 함께 만들고 서약하기
14	수업시간에 지켜야할 규칙을 학생들이 잘 따르도록 할 수 있나요?	학생들과 규칙을 함께 만들기: 마인드맵(Chapter 3의 2), 구글 설문지(Chapter 5의 2) 활용
15	수업을 방해하거나 반항하는 학생을 조용하게 하는 전략이 있나요?	긍정적 행동에 대한 피드백 듬뿍 주기: 학습관리시스템에서 스티커 등을 활용한 피드백
16	학생이 학교 생활을 잘 하도록 그 부모와 가족이 어떤 지원을 할 수 있는지 알려줄 수 있나요?	학생들의 작품을 부모와 공유하기: 구글 사이트(Chapter 4의 3), 스웨이(Chapter 4의 2), 패들렛(Chapter 3의 3)

6.2 학생: 주체성(Agency) 진단

원격 학습은 학생들의 학업능력을 떨어뜨린다는 우려가 있다. 이런 문제로 인해 학자들이 관심을 가지는 것이 바로 주체성(Agency)이다. 이것은 어떤 행동을 스스로 시작하는 힘을 말한다(Bandura, 2001[4]). 학생들이 주어진 학습 환경에서 자신의 인지적, 정서적 활동과 행동을 스스로 조절(Self-

---

4　Bandura, A. (2001). Social cognitive theory: An agentic perspective. Annu. Rev. Psychol. 52, 1-26. doi: 10.1146/annurev.psych.52.1.1

regulation)하고 자신의 학습과정을 스스로 점검할 수 있는 능력이다. 학생들의 주체성을 좀 더 자세히 살펴보자.

주체성(Agency)을 구성하는 요소

주체성을 구성하는 계획성, 사전숙고, 자기조절과 성찰의 태도를 선천적으로 타고난 학생도 있으나, 후천적으로는 쉽게 길러지는 것이 아니다. 단순하게 '계획성 있는 태도를 가져보자'라고 한다고 길러지는 것이 아니다. 서로의 행동을 보고 모델링하는 기회, 피드백을 받아 돌아보는 기회, 서로 격려하며 연습하는 기회가 필요하다. 이것이 바로 원격 학습 때문에 학생들의 학업 능력이 떨어지는 것으로 비추어지는 이유이다. 좀 더 생각해 보면 원격 학습이 학업 능력 하락의 원인은 아니다. 디지털 수업환경에서 상호작용과 피드백의 기회가 적게 주어졌기 때문일 것이다. 이 기회에 학생들의 주체성을 구성하는 요소를 꼼꼼하게 살피고, 디지털 환경에서 수업을 디자인할 때 어떤 것을 고려해야 하는지 고민해 보자. 다음 표를 참고하여 학생들 스스로 돌아보고 어떤 노력이 필요한지 생각해 보도록 안내하자. 혹은 교사의 관찰 후 학생들에게 어떤 노력이 필요한지 조언하거나 학습 경험 디자인에 참고해 보자.

주체성 체크리스트(Keith, Pottebaum, & Eberhart, 1986 참고[5])

구성요소	질문	체크
의도 (계획성)	어떤 일을 결정하기 전에 주의를 기울여 신중한 자세를 취한다.	
	어떤 일을 결정하기 전에 나의 목적이 무엇인지 명확하게 안다.	
	어떤 일을 결정하기 전에 여러 정보를 모아 생각해 볼 수 있다.	
	어떤 일을 결정할 때 여러 가지 대안을 생각해 볼 수 있다.	
	여러 가지 방법 중 최선의 방법을 선택하여 결정할 수 있다.	
의도 (결정 능력)	나의 결정 능력에 자신이 있다.	
	나는 결정을 잘 내릴 수 있다.	
	내가 어떤 일을 결정했을 때 그 결과는 좋다.	
심사숙고 (학업에 대한 외적 동기)	내 인생을 더 발전시킬 수 있는 최선의 방법이기 때문이다.	
	내 자신의 연장선이기 때문이다.	
	내가 나의 인생에서의 변화를 책임질 때가 되었기 때문이다.	
	내가 더 많은 교육을 받으면 좋은 성과를 낼 수 있기 때문이다.	
	내가 공부로 성공할 수 있음을 보여주고 싶기 때문이다.	
심사숙고 (학업에 대한 내적 동기)	새로운 것을 배울 때 즐겁기 때문이다.	
	새로운 것을 발견했을 때 즐겁기 때문이다.	
	지식을 넓히는 것이 즐겁기 때문이다.	
	어려운 학업을 해내는 과정이 만족스럽기 때문이다.	
	흥미로운 것들에 대해 계속 배울 수 있기 때문이다.	

5　Keith, T. Z., Pottebaum, S. M., & Eberhart, S. (1986). Effects of self-concept and locus of control on academic achievement: A large-sample path analysis. Journal of Psychoeducational Assessment, 4, 61-72.

자기조절 능력	초조함을 줄이는 방법을 안다.	
	항상 마음이 편안하다.	
	내적 갈등이나 긴장을 느낄 때 재빨리 그것을 풀 수 있다.	
	화나는 일이 있을 때 스스로 진정시킬 수 있다.	
	긴장해서 힘들 때 긴장감을 스스로 늦출 수 있다.	
자기성찰 능력 **(자아효능감)**	다른 재미있는 일이 있더라도 해야할 공부에 집중할 수 있다.	
	수업 중 해야 할 일에 집중할 수 있다.	
	그날 학교 수업을 잘 알고 준비할 수 있다.	
	나의 학교 과제를 잘 정리하고 계획할 수 있다.	
	과제를 해야 하는 동기를 스스로 찾을 수 있다.	

이번 챕터에서는 피드백에 대해서 알아보았다. 학생의 성장을 위해서 그리고 교사의 수업 재디자인을 위해서 피드백은 아주 중요하다. 신뢰도 높은 평가와 피드백 제공을 위한 평가기준 마련, 실시간으로 주고받을 수 있는 방법, 다양한 미디어를 활용한 방법, 와이파이가 없는 교실에서도 학생들의 생각과 학습을 확인하는 방법 등을 살펴보았다. 디지털 환경에서 축적된 피드백은 학생과 교사 모두의 성장을 위한 아주 의미 있는 데이터가 된다. 디지털 도구는 대면하기 힘든 시대에 학생들의 개별 이야기를 들어볼 수 있는 통로가 되기도 한다. 무엇보다, 기술의 발달과 환경의 변화 때문에 소홀해질 수 있는 교사와 학생 개개인의 마음이다. 기술 발달과 환경 변화로 어려움을 겪고 있다면 막연히 힘들어하기보다는 그 원인을 정확하게 진단해 보는 것이 도움이 된다. 같은 시공간에서 함께 하는 수업이 아니더라도 사람과 사람의 상호작용을 북돋는 전략이 필요하다.

나가는 말

미래는 바로 지금이다. 21세기, 변하지 않는다는 것은 "변한다는 사실" 뿐인 이 시대를 살아내야 하는 우리와 우리 학생들에게 어쩌면 수학 능력, 외국어 능력과 같이 측정 가능한 하드 스킬(Hard Skills) 보다 일을 헤쳐 나가고 여럿이 함께 하는 데 필요한 소프트 스킬(Soft Skills)이 더 필요할지 모른다. 타인과 협력하는 능력, 문제해결력, 자기조절 능력, 의사소통 능력, 리더십, 회복 탄력성 등이 그것이다. 학교 교육에서 인지적 능력뿐만 아니라 나와 주변을 돌아보는 능력을 기르는 것을 소홀히 해서는 안 된다는 말이다. 하드 스킬과 소프트 스킬을 효과적으로 기르기 위해서는, 이 책에서 살펴본 바와 같이 디지털 도구뿐만 아니라 또래 학생과 동료 교사의 역할이 매우 중요하다. 지금 그리고 미래를 위해 우리가 블렌디드 수업을 적용해야 하는 당위성이 바로 여기에 있다.

책을 집필한 여섯 명의 교사들이 만난 것은 팬데믹이 시작되기 훨씬 이전, 학습관리시스템 선도교사 활동을 하면서다. 구글 클래스룸과 MS 팀즈, 그리고 수업과 학습을 돕는 여러 가지 에듀테크 도구를 학교 수업에서 적용해 보고 다른 교사들에게 그 경험을 알리는 역할을 했다. 집필진들은 많은 교사 연수 현장에서 교사들의 (이렇게 신기한 수업이 가능한가에 대한) 놀라움과 (이렇게까지 수업을 해야 하는가에 대한) 두려움을 동시에 만났다. 교사의 업무를 줄이고 데이터에 기반한 피드백 제공이 가능하며 모든 학생들의 적극적인 참여가 가능하게 되는 이런 에듀테크 도구를 써보지 않을 이유가 없다며 교사들을 설득하곤 했다. 팬데믹이 시작된 이후, 학생들의 인지능력을 키우고 수업 효과를 극대화하는 기술의 발달과 기막힌 기능보다는 그것을 활용하는 사람을 보게 되었다. 교사가 행복하고 학생이 행복한 학교를 에듀테크를 활용해서 만들어보자는 마음이 서로 통했다. 이 책을 읽은 여러분들도 사람이 행복한 기술, 사람이 행복한 교육을 마음에 두고 계시리라 믿는다.

- 해듀테크(Happy Edutech) 박영민, 박소영, 조현숙,
김미란, 김동우, 이화욱 드림

찾아보기

한국어